奇跡を呼び込んだ断食

明るい未来が自然と開けていく不思議

北川八郎

内外出版社

はじめに

ヒマラヤの八千メートル級の高山の氷の絶壁で、雪と嵐に襲われ、直角の氷壁にへばりついたまま、体も手先も雪にしびれ、凍えて動けなくなった登山者がいた。

絶望の中で薄れゆく意識のもと、神に死にゆく自分のなした罪を祈った。

ところがその時、幻のように隣をスイスイ登る登山者が現れた。あまりにもゆっくり、そしてスイスイと登るその人についていくと、力が湧き、氷壁を横にはってついて行った。

気がつくと、いつの間にかその登山者は消えてしまっていた。

ふとその時、そこに狭い氷結の岩棚を見つけ、そこでビバークをした。

疲れ果て、一夜を明かす。

翌日の、ヒマラヤの朝は見事に晴れ渡っていた。

彼は帰還を果たした。

という話をヨーロッパの登山者の日記で読んだ。そしてまた、日本人の生還者が同じ体験を控えめに語っている。

私がこれからこの本でお伝えする話は、(命をかけたとは思っていないが)同じような危険の中で長い断食をした時、同じように目に見えない導き手が現れ、導かれ、同じようにいつの間にか陽の照る氷棚にやっとたどり着いた話である。

人生に絶望した人、お先真っ暗で周りが見えなくなった人、苦悩の中でもがいている人、この生での生き方がまったくわからず病に陥った人々、そして、何かわけがわからない腹立たしさと戦いながら生きている人々に捧げる。

人々にバカにされながらも、腹を決め、やましくない生き方を求めた時、同じように光明に出会うでしょう。

もくじ

もくじ

カバーデザイン　城所潤（ジュン・キドコロ・デザイン）
本文デザイン・DTP　ナナグラフィックス
編集協力　石橋裕子

一章

ミトラの世界・断食

……何か外が、騒がしい気がした。私は森の中で一人長い断食中で、朝から足を組んで瞑想をしていた。いつもと何か違う空気の柔らかさが気になって、ふと目を開けてみたくなった。

その朝は、遥か向こうまで空気が透明で、遠くの山の稜線を埋める森の樹の葉、一枚一枚が見えた。空は青のさらに奥まで見透《す》かせるくらい、真っ青だった。朝から雲はまったくなかった。清々しく、空気は肺を心地よく駆け巡る。それでいて、森は静寂にあった。閉じていた目を開けると、不思議なミとラの世界が始まった。

断食のせいで少し重い目をゆっくり開いた瞬間、素晴らしい胸を揺さぶるような音が一気に押し寄せてきた。私の座る正面は、新緑の五月の世界で、波のように「ミ」の音がさまざまに重なり合って響いてやってくる。そう、音が押し寄せてきたという感じで圧倒され、倒れそうだった。その草原に繁る草の若葉の色が「ミ」の音に聞こえて、その広い窪地に響き渡っていた。まるで山に設けられた交響曲の演奏会場に投げ込まれたようだった。

「オォ～、すごい！　美しい音」

思わず天を仰いだ。空は真っ青だ。ここは北阿蘇外輪山の人も入らない山奥、背後はクヌギ林で、目の前はゆるく窪んだ皿の底のような盆地の底に、淡い青色の草原が広がっていた。五月の新芽が出たばかりの、何とも美しい若葉の世界が広がっている。

私は深いため息を吐きながら、青い空を仰いでいた。すると今度は「ラ」の音階に近い爽やかな音が、私の頭上から降り注いできた。私はうっとりとした。身をまかせたくなった。空の青は「ラ」の音になって聞こえてきた。

「ミ」と「ラ」の音響波が頭上と地上から私を揺さぶりかけてきた。オーケストラのレコードが急回転し、シンフォニーの波が一気に押し寄せてきた感じだった。私の体は揺れ続け、たまらず私は横になった。何という不思議、何という幸せ、ただそれだけ……。緑色は「ミ」の音階で、青空の青は「ラ」の音に私には聞こえた。色が音であり、音は色なのだとその時、悟らされた。「そうか、そうか……」なぜか確信しながらつぶやいていた。そのまましばらく草の中に横になってじっとしていた。

「そうか、これがこの世界……私の生きている世界。在ると思っている世界の実体なのか…。色も音も私も全部、一つなんだ」。今、私のいる地球は二色だった。青い空と、新緑の二色。私は草の上にいて、揺さぶられ、音に浮かんでいる感じだった。今、「ミとラの世界」に住んでいた。

「これは体験した者じゃないとわからないだろう。作り話と思われて、信じてくれないだろう」と理性的に考えている自分もいる。細胞の奥まで、色と音に洗われている感じがした。この話は黙っておこうと、心の奥にしまった。それからがいろいろな不思議の始まりだった。

「ミとラの世界」に会ったのは、二度目の断食四十日目に近い日だったように覚えている。水だけの断食を、山の奥で一人で始めて三十五日を過ぎた頃から、今までとは違う世界が待っていた。

「解悟《かいご》」とか「悟り」とか言う、立派な言葉が当てはまるほどはっきりとしたものはやってこなかった。ただ、解読できない光の宇宙信号みたいなものがデータとして大量に、空っぽの脳に流れ込んでくる、私の幼い脳では到底処理できない「光のことば」…いや違う、「光そのもの？」…。これらが、はっきりと意味を持ち日本語として、私が表現できるようになるまで十年から二十年かかってしまった。今も続いている。

※　※　※

一回目の長断食をしたのは…いや、させられたのは、四十一歳の四月だった。熊本阿蘇の外輪山の端っこ、小国郷の小さな村に、流れ住んでいた。崩壊寸前のあばら家だった。狭い道路一つへだてた所に、幅五メートルの清流があった。少し深くて小さな魚たちがウヨウヨしていた。満願寺温泉という地区の最上流の崖の上に借家はあった。屋根の隙間から、雪や雨のしぶきが入り込んできて、いつも湿っぽかった。梅雨時は、家中のドアも柱も板張りもカビだらけになった。アオガエルもヘビもトカゲも同居人で、仲良く暮らしていた。

家の中と、家の外の温度は年中一緒だった。その頃は冬になると、九州なのにこの山村によく雪が積もった。三十センチくらいにはなっていただろう。寒くて足先の霜焼けに悩まされた。梅雨時には家の中で最大十一カ所の雨漏りがして、わざと小さな鍋や大きなバケツ、中くらいの花瓶といろいろ取りそろえ「雨の音楽会」と洒落て、強がっていた。この家で面白い体験をいっぱいした。貧しくておかずが買えず、春になると「春を食べるよ」と、私の家に出入りしていたシティーボーイで新聞記者の秋山さんに声をかけ、椿の花や「雪の下」や、藤の花を天ぷらにして楽しんだ。「雪の下」は美味しくてごちそうだった。特に表が紫ではなく、緑の厚手の「雪の下」が美味しかった。そうだ、その頃、小国の人たちはまだ食べていなかった山菜の王様「タラの芽」があちこちにあった。食べ放題だったな。

春降る雪は美しかった。粒が大きくて、ふっくらとしてゆらゆら、ふらふらゆっくりと風と遊びながら空から降ってきた。柔らかくて、しっとりしていた。冬の枯れ枝たちは細い枝の先まで白雪にまとわれ、化粧されて美しい。

雪の空が割れて、淡い太陽が大地に差し込み始めると、淡雪に当たる柔らかい光が、キラキラキラキラと輝き、「踊ろうよ」と誘われる思い。とはいえ、家の中は寒かった。なんせ、この家には壁が一カ所もなく、田の家型に部屋は分割され、全囲いが障子と襖とガラス戸、そして板で囲われている。その上、築五十年以上も経っていたらしく、襖やガラス戸は、まあ隙間だらけ。そりゃあ蚊もヘビもネズミも皆さま通過自由です。

「無料滞在オッケー」、山の生き物様専用民宿だった。

でも、何だか楽しかったなぁ…。

そうだ、この家にはお風呂設備がなかった。いや、村中の家には風呂がなかった。

村の人は、村の中央にある共同温泉に入りに行く。わが家からは二百メートルくらい坂下の所にあった。温泉の温度は、年中三十九度……夏はちょうどいい露天風呂。冬は…冬は厳しかった。行きはいい。歌いながら、タオル振り振りオケを持って、小走りに共同温泉に向かう。帰りは地獄の特訓で、その上り坂の二百メートルが長い。白い息を吐き吐き、タオルを振りながら帰ると、タオルはたちまちカチカチに固まった。

マイナス十五度になる事もある。

軒先にできる長いツララは風に吹かれて、全部斜めに太くぶら下がる。それがまた透明で美

満願寺温泉の冬

しい。兵隊が揃って「ささげつつ」をしているようで面白かった。寒い風の強い日には、まっすぐ下がるツララは一本もない。みな素直に「斜めに捧げつつ！」だ。だから「こんにゃろう、こんにゃろう！　エイ！　エイ！」と呼びながら、バリンバリンと一本一本折ってゆく。楽しかった。少年になれた。このあばら家の四季を書いていると、この本一冊終わりそう。

でもまあ、このことも書いておきたい。畑に踏み込んだ時の霜柱は、毎年十㎝はあった。「霜柱ってこんなに長いの」と驚いた。それは太くて、長くて、透明で固かった。バリバリと音をさせながら踏み込むと、長靴の先は霜柱に囲まれて見えなくなった。毎年冬は周りが凍りつくので温度計要らずで、すぐ零下とわかる。東京に住んでいた時とは異質の凍った世界を味わった。「九州って、こんなに寒いんだ」と冬は逃げ出したかった。

　こうして、四十一歳の春に一回目の断食に入った。

※　※　※

　二十代の終わり頃から、身体の奥深い所から「ダンジキ」「ダンジキ」という声が聞こえていた。それを一切無視して三十代を過ごした。ずーっと無視していた。

　そんな宗教的な事、私にふさわしくない。そんな修行僧みたいな事、この近代のお洒落で知的で快適な人生にもったいないと「ダンジキ」の声を心の奥に踏んづけていた。

　新幹線、近代的ジェット、月ロケットと月上陸、スーパーコンピュータ、銀座や大手町の超近代的ガラス張りの高層ビルを見てみろ、お金さえあれば何でも叶う時代に…断食？「同級生は、皆一流企業に入って、バリバリと颯爽と活躍しているのに……田舎でダンジキって何……？」と内なる声を抑え込んでいた。

　私も、みんなと同じように格好よくきめて、背広姿で会社勤めをしてみたかった。ところが、いざ会社勤めをしてみると、会社と自分の間に生じる求めるものの溝が、どんどん広がっていく。

「お前が求めていたものはこれか！」「もっと大事なことをするために生まれたのじゃなかったか」「このまま出世して、一生会社人間で終わっていいのか！」という声がしきりにしてくる。

とうとう三十代の前半になると、会社勤めになじめないこともあって会社を辞めいつの間にか内なる声に従って、断食の準備に入っていた。

断食するにあたって決めた事。

・死ぬかもしれないが、怖れを口にしない。
・宗教組織に入らない。
・指導者を求めない。一人でやってみる。
・断食で見たものを、時期がくるまで人にしゃべらない。
・断食中は、誰にも見られないでひっそりとやる。
・断食後も、断食を自慢しない。

※ ※ ※

四十一歳の時に行った一回目の長断食（四十五日間）は、見事に失敗した。ただ苦しかった。水だけで生きて三十五日目に入ると、顔は行者の顔になり、みるみる体力が衰え、動けなくなった。それでも助けは求めなかった。新聞記者の秋山さんは、見かねて何度も「もう、止めたら…どうですか」と忠告に来た。断食をするために山奥のこの土地を捜してくれた建設業の杉野さんも、三十日目くらいで「先生、もう無理ばい。これ以上無理ばい」と警告する。その頃、私の事をみんななぜか「先生」と呼んでいた。

なぜ失敗したか…。断食用に杉野さんの探してくれた場所はとても良かった。土地に清涼なエネルギーがあり、大地の澄んだ、気に満ちていた。ところが…私には欲があった。

人が入れない山奥で、北側はクヌギ林に囲まれ、南側は、平たくすぐ傍らに筑後川の源泉が湧いていた。年中冷たく、湧水量はいつも一定で、流れる水に沿ってわずか下ると集まった湧水が、せせらぎを形づくっていた。

さらに十メートル下ると、小川になっていた。そこは年中青葉の繁る常緑樹に囲まれ、源泉辺り一帯はうっそうとして、静かで暖かかった。年中、人は来なかった。いや、そこまで来るには葉が繁り、邪魔され入れなかったという方が正しい。

杉野さんが、阿蘇特有のススキの葉だけで創る「草泊まり」という草の家を創って用意すると言ってくれたが、叶わなかった。「草泊まり」とは、牛飼いの人々が牛の世話をするために、草原に茅《かや》を重ねて作る草のテントの事だった。暖かく、雨も漏らず快適らしかった。

その窪地の中央に、ひときわ高く大きなクヌギの樹がデンと立っていた。枝張りも良く、根も太く、凛としている。今もまだ健在のようだ。遠目に見てもその勇姿は一段と目立つ、この森の王様の樹のようだった。

そこを杉野さんが捜して見つけ、準備してくれた。

杉野さんは建設業で、町役場から頼まれてあちこちの山奥に伐採用道路を作っていたから、山の様子に詳しかったのだろう。

私はそこに、薄い小さな布張りテントと、マッチと体重計、寝袋と本と日記、カメラ、そしてお椀を一つ持ち込んだ。テントは決行前日に杉野さんと秋山さんが張ってくれた。その頃の私は、もう四十日断食を目指して、四十日前から減食を始めてヘロヘロだった。

減食四十日に加え、本断食四十数日、復食四十日。合計約百五十日をするつもりだった。

私の周りに経験者は一人もおらず、断食に関する資料本もなかった。断食に入る前、高校の同級生で九大医学部を出て医者になっていた大浦君に、断食前の体調や終了後に、

「時々、検診してくれないか」

と頼んだけれど、やはり
「お前が死んだら、俺の全責任になるからダメだ」と断られた。

そんな、先の見えぬ冒険に誰が手を貸すだろう。断られても当然だった。

私は、仕方なく内なる声に従って準備し、四十一歳の春に断食に入ったが、前も言った通り失敗した。何も得られなかった。ただ苦しかった。四十五日間、ただ食べる事ばかりと、写真など記録を取る事ばかりを考えていた。

欲があった。毎日、自分の姿をカメラに収めた。日に日に痩せて、眼が修行者の眼になってゆくのがカメラに収まっている。日記も何か「悟りが得られるか」と書き記していた。まったく何もなかった。

四十五日間、朝昼晩と時を過ごし、空腹をこらえ、水だけを飲み、毎日瞑想した。一日一キロずつ減っていった。十日で十キロ、二十日で十五キロ。それから先は一日二百グラムずつ減っていった。ただ辛かった。三十日過ぎると足は萎え、立ち上がれなかった。

標高八百メートルのクヌギの森は、四月、五月でも寒く、断食すると体温が下がり、夜は寝袋の中で震えていた。もちろん風呂は入れず、湧水で、人知れず身体を拭いた。

この四十五日間、人と話す事はなく、毎日、左の林から上がる朝陽を眺め、朝陽に染まった後、昼まで樹の下に座った。夕方、右手の山頂の丸い猟師山に沈む夕陽を惜しんで過ごした。

四十日過ぎる頃から立てず、湧水の水くみ場に杖をつき、這うようにして水を飲みに行った。頭とヒゲはボウボウで、湧水で身体を洗った。

断食40日目。体重は40キロ。爽やかな朝

三十五日を過ぎると、六十キロの体重は四十キロを切るようになっていたが、もう水を飲む分、体重は減らなかった。睡眠は必要なかった。ずっと目が覚めていた。食事を摂らないせいか内臓は元気で、眠くなるのは脳が疲れた時、二〜三時間眠くなるだけだった。頭脳、視力は鮮明だが、シンキングがまったくできず、ボーっと光に包まれながら一日が過ぎてゆく。No thinking 状態が続いた。四十

日断食の終わり頃、

「こりゃ　四十日くらいじゃダメだ。何も得られない」と思ったら、奥の方から

「もう五日やりなさい」と声がした。

「えっ、あと五日…。ここから先の五日は、始まりの二週間に匹敵するほど辛い…」

あらがったが、あらがえずさらに五日延ばした。

四十五日間、山にこもったが、何も得られなかった。

腹はへこみ、腹の皮が後ろの背骨に張り付くようになってアバラが見えていた。足は二本に見える骨だけになり、立ち姿はきっとアウシュヴィッツ収容所の写真の人々と同じになっていたに違いない。とにかく、全身、骨と皮みたいになっていた。が、しかし眼はランランともせず、ボーともせず、意志を持った人間のように、とても澄んでクリアーになっていた。自分の意志で断食をするのと、やむ得ず食べられないで断食状態になるのとは、目も身体も違う光に包まれるのは確かなようだ。

＊　＊　＊

一回目の断食

10日目

5日目

1日目

31日目

25日目

15日目

45日目

40日目

36日目

四十五日間、断食したという達成感と、記録を少し残しただけに終わり、私の内なる欲の炎はまったく消えず、心の濁りは最後まで澄まなかった。私はヘトヘトになって、秋山さんの手を借りて山から下りた。…辛かった。

帰り際、西の猟師山に向かって、

「もう　断食はしない！」と叫んだ。

※　※　※

テントを畳み、帰り道につながる細い山道を登り、クヌギの大木に挨拶。さらに、お別れの合掌をして背を向けた時、笑い声ともしれない声が響いたのを感じた。そして、次にはっきりと、

「もう一度！」

「いやいや、もう四十歳を超えたし…」

「もう一度…」

「いやいや、もう何も得られなかったし、こんなのは無駄…」

「バカモン」

という感じの声がした。何かわかるだろうか？　嘲笑とも、励ましともとれる意思のある響きがした。

「せっかくの　今世のチャンスを逃すのか…」

と内なる心を揺るがした。

私は悲しかった。打ちひしがれていた。秋山さんと、杉野さんの肩にすがって歩いた。もう言葉も出なかった。後ろを振り返り、頭を下げながら山を下りた。…ごめんなさい、山の神さま……。もうできない……。

山を振り返る私に杉野さんが
「先生、もう止めましょう。よく頑張りましたね」

と、肩をゆすってくれた。下るうちに、いつの間にか私は秘かに思っていた。

「もう一回やろう」…そして天を見上げた。

「次は、一切記録をとらず、何も持ち込まず、何も求めず、導きだけに従ってみよう。また一人で、あのクヌギの樹元に座ろう」

と決めた。涙がこぼれた。

「ごめんなさい…」

二回目の長断食

一年間準備をした。時々七日断食をして備えた。でも本当は、その四十二歳の年は何をしたかまったく思い出せない。私の中に四十二歳の歴史はない。スッポリ抜けている。

二年後の四月、減食四十日の準備を終え、再び杉野さんたちに支えられて山に向かった。世間はゴールデンウィークで賑わっていたが、世間から取り残された田舎の満願寺温泉一帯には、浮かれた波はまったく及んでこなかった。

いつもの通り静かな田舎の温泉地区を後にして、黒川郷の奥に向かった。今回は何も求めず、記録も取らず、持ち物はお碗とマッチ、寝袋と小さいテントだけと決めて、あとは神に任せた。四十三歳の春だった。山はもう新緑の世界に入っていた。今回は、心は揺らいでなかった。眼はまっすぐ、あの山に向かっていた。あのクヌギの大木も、それを感じて準備をして、私を待っているに違いないと感じていた。

再び、新聞記者の秋山さん、建設業の杉野さんだけが私の介添えをしてくれて、時々、生存確認の入山をしてくれる事になっていた。

「先生、大丈夫ですか。もうそんなにフラフラして、あと四十日もあるんですよ」

心配性の秋山さんは、すぐ不安を口にする癖がなかなか治らない。まぁそれが、彼の新聞記者としての原点になっているから、自称社会派記者というのも許される。県の行政や、議員の不祥事には厳しいらしく、両方から煙たがられているらしい。同じ目を社内にも向けるから、なかなか出世しない。

杉野さんは、太った身体を揺すり、私の背をさすりながら
「ガンバレ、ガンバレ」と言わんばかりに押し上げてくる。

「杉野さんは町にも貢献するし、建設にも明るいし偉いね」

「なぁん、ただの田舎土建屋ですばい」

と言いながらでも受注は多く、社員からの信頼も厚い。

私はと言えば、もう減食を始めて四十日過ぎているから、すっかり痩せて手足が細くなっていた。二回目の断食準備に入った頃から、顔が極端に小さくなってきた。自分の頭を両手で覆うと、すっぽりかぶさり、小さな小さなスイカの玉のようだ。

「大丈夫かな。脳みそが流れたのかな。ここのところ、頭がずいぶん縮んだんだよ、杉野さん。私、最近おかしなことを口走っていないかな」

「うーん　大丈夫です。言っている事は間違っていないし、しっかりしていますよ。先生、大丈夫、大丈夫」

「先生、確かに今回は先生の雰囲気が違います。何か、身体全体が輝いていますよ。

新聞記者としては、そういうたぐいの不可思議は信じませんが、今回は何かオーラが強い感じがします。

十日に一回くらいの割合で、私か杉野さんが交互に先生が死んでいないか確かめにきます。先生、止めるなら今ですよ」

と、止めなさいとばかり秋山さんが山を指す。秋山さんは、私がどう変化するか興味津々だ。断食で何を掴むのか、興味一杯の様子がみてとれるし、私がオーラに包まれて山から下りてくると、それをまた記事にするつもりも感じられる。その時、私は自分が得たことを一切、軽々しく口にしないと決めていた。

「とにかく私はやるだけ。何も期待していないし、望まない。求めない。ただ四十日間一人座って、神と向き合ってくる」

と、私はゆっくり自分に言い聞かせるように口にした。山で別れる時、杉野さんは涙を浮かべて泣きそうな感激をしていた。秋山さんは、ニコニコして手を振って山を下って行った。私は、どうしたというのだろう。何の感情も湧かなかった。ニコニコもなく、置いていかれる怖れも、一人の寂しさもなく、夕陽の暮れ落ちる林の美しさも淡々と受け取っていた。準備された小さなテントの傍らで、その日から座って目をつむった。

それから四十日間、毎日ただ陽が昇り、陽が沈むのを数えることもなく眺めていた。一日一回、水飲み場に行った。あまり喉は渇かなかった。水飲み場まで約七十メートルか…いや五十メートルかを毎日往復し、日々、草の丈が伸びてくるのを感じながら、刻《とき》を送った。二十日を過ぎる頃から、自分が精霊のような光に包まれているのを感じるようになっていた。

「あ〜、初めからこの光に包まれていたんだ。だから怖れも不安もなく、安らかでいられたのか」と、断食二十日目あたりで気づいた。

二回目は、不思議なほど落ち着いていて…というより、不安がなく、安らいでいた。ただ毎日少し水を飲み、少しおしっこをするだけ。ずーっとクヌギの樹にもたれて座っていた。二十日はあっという間に過ぎた。まったく何をしていたか憶えていない。何もしていないのだから、

「憶える事」などあるはずがないが、ただ光に包まれて刻を送った。

二十日を過ぎた五月の連休が終わった頃、高くなったヤブを分けて「ワラビ狩り」の婦人たちの一団が通り過ぎて行った。樹の下に座っている私を見つけるや、

「ウソォ…」

と驚いて、どうしたのか今回は、傍らまで来て手を合わせて去って行った。

前回の一回目の時の断食を思い出した。前回も同じように集団が通り過ぎて行き、

「ウア…、こんな所で何をしているんですか。断食？　断食ってなんですか」

「何のために断食するの？」

とザワザワと騒ぎ、気持ち悪い修行者を見たような様子で足早に駆け抜けて行った。

今回の人たちは傍らまで来て、全員が手を合わせ、お辞儀をして去っていった。

その頃、ヘビや蝶々が私の身の回りに寄ってくるようになっていた。そういえば、天気の良い朝などは、いろんな小鳥が樹に集まって、私の頭上近くまで来て、何かピーチクパーチク、何やら楽しそうに騒ぐようになっていた。その時の私にとって、それらの現象は当たり前の日常で、何ら特別な現象ではなかった。小鳥たちの騒ぎは、木漏れ日の陽だまりの中で学校帰りの小学生が、陽当たりの良い家の玄関の前にたむろし、ワイワイ楽しそうに騒いでいるのと同

じように感じた。

「いつまでも、おしゃべりしてていいよ」

その光景はのどかで、私は幸せだった。

今考えると、その時期から不思議な現象が私の身の回りに起こり始めていた。

先ほどの「ワラビ狩りの婦人たち」が、私に手を合わせて通り過ぎて数日経った頃の事だ。

私が朝からボーと瞑想をしていると、突然、目の前に制服の警察官がヤブを分けて大きく手を広げ、立ちふさがった。額に汗をびっしょりかいていた。

その迫力に私は震え上がった。

「コラッ！　こんな所でいったい何をしているんだお前は！」

……あっ　殴られる！……

私は立ち上がりもできず、座ったまま立ちすくんだ。

「やあっと見つけたぞ」

「・・・・・」

警察官が、私のえり首をつかもうとして、急に瞬間立ち止まった。

つり上がった目が、さっと和らぎ、腕を下ろして、いきなり敬礼するような格好をした。

「いや…いいよ。このまま続けていいよ。ちょっと調べに来ただけだから」

急に優しい声になって敬礼した。

私は何か声を出そうとしたが、震えて声にならなかった。なぜなら、私の手足は枯れ木のようで、胸の骨は「あばら骨だらけ」だったから、到底太刀打ちできなかった。

警察官の腕のたったひと振りで、私のあばら骨は砕け散るだろうとわかっていた。

「あっ、いいよ、いいよ。何かあったら私に連絡しなさい。私が君を守る。だから、そのまま続けなさい。いや…その…、何んかわからんが、君は光り輝いている。うん、光っている」

とつぶやきながら、その格好のまま後ずさりして、元来たヤブの中に消えていった。

私の方こそ、わけがわからなかった。

何が起きたのか、私はただ「追い出される！」という恐怖で足が震えていた。

決して「凛として立ち向かって」はいなかった。だのにその警官は、私の周りに宿る光を見て消えて行った。あの婦人たちといい、警官といい、一回目の長断食の時と、私に対する態度がまったく変わってきていた。何度も言うが、私は、私に起きている外面の変化にまったく気づいていなかった。私の心は安定し、心の透明度も一回目とは格段に違っていたが、私の外をとりまくオーラの澄み具合に関しては、私には自覚がなかった。

私は何も追求せず、ただひたすら断食と瞑想を続けようと決心していたからだ。

「求めない。効果を期待しない。見返りは求めない」

と、強く心で誓っていた。

警官の出現によって、一時心は乱れたが、すぐにまた静かになった。深い呼吸と、柔らかい心が戻ってきていた。

私はそのまま、長い断食に再び入っていった。

警官が騒ぐのも無理はなかった。近くの波野村まで、オウム教の人たちが入り込んでいたようだ。今と違ってその時代、ただでさえ「断食」や「瞑想」という響きの言葉は、怪しがられ不気味に思われていたに違いない。私も巻き込まれ始めていたのかもしれない。

しかし、私はそんな宗教的な祭りや、教団的なものとまったく遠く離れた所で、ただ「私の独自の導き」に従っていただけなのだ。

当時は、世の中が、杉野さんや秋山さんたちを除いて「道を求める人々」に対して恐れていた。

「おかしな宗教じゃない？」と今でも言われる事が多い。そういう嫌い方をする人も、まだまだいることは承知している。それでいい。今世「この何か」に気づく人と、気づかない人の差は大きいだろう。

きっと、仏陀やキリストも初期の頃は、人々から新興宗教として厳しい見方をされていた事だろう。

「負けてはいられない」…とも思わない。

「負けっぱなしでもいい」…別に、戦うためにやっているだけではなかったから。何が私をここまでかき立てるのかもわからなかった。

ただ、内なる心が、前世でできなかった事を、そして今世「できるチャンス」を神がくれた事を、今、「導き」と受け取って、やろうとしているのに気づき始めていた。

私はそれに従う…。何も求めない。

断食三十日前後から、内面の変化の進み具合はわからなかったが、外側で起きる変化に少しずつ気づき始めていた。

それは、最初に白い蝶々が私の周りをヒラヒラ、ぐるぐる回り始めた事で気づいた。

「なんか、お前たち楽しそうだね」

次に小鳥たちが、頭上で歌い始めた。本当に、ピーチクパーチクなかなかおしゃべりだ。

「どうしたの？　いい事あった？　おしゃべり楽しそうだね」

五月に入る頃から、赤トンボが草原に群れ始め、私の周りや肩や、瞑想中の頭によく止まるようになっていた。

それが日常になって、当たり前で不思議な事でも何でもなかった。心が静まり、オーラが輝き始めるとトンボや小さな虫やヘビが寄ってくるのは自然な事で、生き物たちが何かしら親しく語りかけてくるのを感じていた。しかし何を言ってくるのか、探ろうともしなかった。天気の良い、風の爽やかな日は、どんな子どもたちも走り巡り楽しそうにさざめく…同じようなものだった。

私も何か暖かい澄んだ光に包まれて、断食三十日目を超していた。

ある時、新聞記者の秋山さんが、

「先生、寂しいでしょう。音楽でも聞きましょうよ」

とポータブルラジオを持ち込んで来た。

「なんとまた、邪魔しに来たんだろう。ラジオまで持ち込んで」

秋山さんは、私の心を無視して、すっかり泊まり込む用意をして狭いテントに割り込んできた。

そして秋山さんのラジオが、軽やかな音楽を流し始め、私の脳内を音が通過する。そのたびに音がキラキラときらめくさまざまな光の色となって、風に舞う音譜のように踊っていく。昔、喜多朗のシンセサイザーを聴いた時、同じように感じた時があるが、秋山さんのラジオは確かな色となって、私の脳の中で踊っていった。

色の踊りは美しかった。秋山さん、ありがとう。邪魔に思ってごめんなさい。

その時、私が感じたものは冒頭と同じ、色は音であり、音は色であった。私の脳は、今までは音楽は音として、色はただ新緑の色として分けて理解していた。ところが、その時もらったものは、同じ一つのものだった。ただ波長の違いを脳は色と取り、音楽として分析しているのだと思った。不思議な理解だった。

脳がワクワクした。すべての根源は優しさだった。それを言葉で置き換え、いろいろと理屈をつけてより分けていたのか…。

何かがわかりかけていた。つかめそうだったが…私は無理して追い求めなかった。音楽好きの秋山さんのおかげだった。

※　※　※

白い蝶々が私の周りを飛び始めてからどのくらい経った頃か、ある時、瞑想中に黒いアゲハ蝶や、青筋の入った美しいアゲハ蝶が何匹も私の周りをクルクルと舞い始めた。

私はそれに気づいて、珍しいなと思った。

今まで私の周りは、白い蝶か黄色いありふれた紋白蝶《もんしろちょう》ばかりがやってきていたからだ。

「やあ　お前たち珍しいね。どこから来たんだ」

私は心の中でつぶやいた。

「あの丘の向こう側から来たんです」

黒いアゲハが、私にささやいてくれたように感じた。

「よくここがわかったね。やっぱり白い蝶たちと同じように、私のオーラに惹かれて来たんだね」

黒いアゲハは、笑うように羽を振って、

「いえいえ　あなたの光は香るんです。ここからは見えない丘の向こうまで匂いが漂ってきたのです。だから来たの…」

私はびっくりして、そうかと一つの事に意味が集約していくのがわかった。

「そうか、私の光は香るんだ」

「光」は「香り」であり、「香り」は「光」でもあるのですと言われたようだった。

それで、さらに思いもよらぬ方向へ理解が集約された。

ミとラの世界と、光の香りの世界が一つになって私に結び付き、理解をもたらした。

「なんだ、すべてはやっぱり『一』(イチ)なのだ」

私がいろいろ、物や香りや光や色と思っているのも、全部同じ所に在って、同じ存在でエネルギーの波長の違いを、脳が言葉として置き換えていたのだ。

オーラという『心の想い』も同じエネルギーの波長の理解だから、光と同じ、音と同じ、色と同じ、遠くまで届くんだ。

物体も、今あるものは、あって・なくて、触って感じるのも、鼻で感じるのも耳で感じるのも、固いのも柔らかいのも、旨いのも美味しいのも苦いのも、波長とエネルギーの意識の濃淡差なのか、すべては一つの方向から発生して、増減していくのか…。

なんとなくパッと一つの意味・意志として捉えたように感じた。すべての根源は「一」(イチ)なんだ。

悟ったのではなく、深い所で知って安心しただけだった。

その光の意志については、さらに深い理解ができるまで、それから三十年かかった。それはまた、後の章で述べよう。

脳に入ったどんなデータも理解するには、私の脳の容量が追い付かず、体験とデータが一致し、言葉になるまで数十年かかる。

お釈迦様やキリスト、弘法大使は一瞬にして悟りに入るのだろうが、私の脳の器の出来はみすぼらしく壊れてしまいそうだった。

神のデータは、じわじわ、じわじわとしか私に浸み込んでこない。そのうえ実際の頭の大きさも、ますます小さくなってしまった。きっとあのお気に入りの帽子はもうガボガボだろう。

今では誰もが言う。

「北川先生は、小顔ですね。」

「いいや、小さくなかったけれど遠慮して生きていたら、まず顔が縮んだんだよ。心も臆病になってね」

※　※　※

思い出すと…まだまだ虫たちにたくさん助けられた。

虫たちは優しかった。

人間にはいじめられた。

ヘビも面白かった。野良犬もすごかった。トンボは私に、アイコンタクトをし元気をくれた。

まだ、私の話を聞いてくれるかい。本当の事なんだ。ただ、私にとってね。君たちには作り話になるだろうけれど、私にとっては、すべて事実。さて、今夜はいったん眠ろう………。

気持ちよく目が覚めたかい。さて、次の話に移ろうか。

※　※　※

年齢が五十代に入ってくると、脳の交換器の機能が発達してきて、何か洒落た言葉が出てくるようになるのさ。
「投げた矢は、すべて人生の後半に返ってくる」とか
「欲でなした事は、やがて失敗し挫折する」
「どんなトラブルでも、すべて相手が悪いのではなく、その入り口には必ずお前が立っている。

なした事を受け取っているにすぎない」とか。

いちいち、もっとも返しようのない法則みたいなものが解読され、口から出てくるようになった。とても説教臭い。でもこれらは、この世の法則の一部だから伝えなくてはならない。なぜなら、知って理解し、罪なき生き方ができるようになると、安らぐ人々がたくさん出てくるからだ。何と言われようと、私は神から導かれた道しか歩めなくなっているから、私の道が消えるまでこの道を歩む。

※
※
※

断食何日目か思い出せないが、放牧した牛たちがどやどやとやってきて、私の顔やテントを舐め回す事件がおきた。顔中に唾液をつけられて、べとべとになり閉口してしまった。

その時、ヘビがなぜかニコニコして私に向かってきた。私はクモは平気だが、ヘビはからっきし苦手である。ヘビが通った跡は、数時間後でも走って横切る。ヘビは見るだけで、あのヌメヌメで鳥肌がたつのだ。そのヘビは、なぜか舌をメラメラと出しながら、まるで笑いながら私に近寄ってきた。私は慌てた。

「わかった、わかった。俺とお前は友だちだから、もうこれ以上近づかなくていい。さあ　早く行け、行け」

足をバタバタさせながら叫んだ。

すると突然、ヘビは立ち止まり、また舌をメラメラ出しながら踵《きびす》を返して向こうへ行ってくれた。私は、何かホッとした。いろいろやって来る。

野良犬が五匹やって来た事がある。私の正面二十メートルあたりの野に散って、じっと私を見つめたまま五匹が動かない。前に二匹、後ろに三匹、何かを試しているように三日間もいた。いや、二日間だったかとにかく長かった。

「前へ出ろ」

と声がして、私はテントの前に出て、手ぶらで座り対峙した。不思議と怖くはなかった。

きっと内なる声に従ったからだろう。力強い声で「前に出ろ」と言われたのだ。

二日目の夜だったか、真ん中の一番大きな犬が立ち上がり、右方向にゆっくり立ち去って行った。あとの四匹も、そろそろと従っていなくなった。その間、私と中心の犬がじっとにらみ合っていた。気力ではまったく負けてなかった。彼らは何をしに来たのだろう。じっとうかがっていたが、襲ってはこなかった。五匹も仲間がいたのである。今思うとよく足が震えなかったものだ。一匹のヘビの方が怖かった。

夜の森は真っ暗になる。犬の集団が正面に構えていた日は、月もなかった。星だけでも、空も森も結構明るくなる。その星明かりのおかげで動く物も、正体が結構見分けられた。とても静かだ。森の中、星明かりの下で、世界でただ独り。じっとして爽やかな夜気を楽しんだ。

断食中にいろんな虫たちと仲良くなった。カエルもけっこう心が通じた。余談だが、まったくダメだったのは蚊である。いくらとがめても叱っても血を吸いに来た。

ハエはけっこうこちらの言う事を聞いてくれた。特に大きな五月バエは、叱ると逃げて来なくなる。

私の一番の親友は、トンボだ。弟が三歳で亡くなった折り、母に弟はオニヤンマにまたがって会いにくると言われた時から、トンボとは一番心が通じるようになっていた。

オニヤンマは遠くからスーッと一直線に寄ってきて、親しげに私の頭にチョコッと触って遠くに行き、またUターンして、まっすぐ一直線に私に向かってくる。

オニヤンマは何度も何度も遊びたがる。つい、弟が遊びに来たと思って、手を伸ばし指を伸ばしたけれど、さすがに止まらない。

しかし、油断していると肩にチョコンと座る事があった。

断食も終わりに近づいた日、赤トンボに助けられた。五月も終わりに近づくと、辺りの草原に赤トンボがたくさん飛び始めた。五月の赤トンボは、オニヤンマと違ってすぐ近くでホバリングしてくれる。

それはもう、断食四十日を少し過ぎた日だったと思う。

私はその日、両足に力がまったく入らず、立ち上がれなかった。

気力は衰えていなかったが、筋力がまったくなくなっていた。四つん這いになっても、腕に力が入らなかったころ…。もがき、クヌギの樹にすがりながらやっと立ち上がったけれど、足は前に一歩も踏み出せない。

「水を飲まなければ…。水を飲むと、水のエネルギーで力が湧く」

と心に言葉は浮かぶが、立ったまま下を向いてフーラ、フーラ、風に吹かれる洗濯物のように揺れていた。

情けなかった。

その時、私の右の頬のすぐ傍らから、何か優しい風が送られてきた。感じてみてほしい。ほら、右の頬のすぐ横からくる優しい微風を…。

「エッ！　誰？」

私は顔を動かさず、眼だけを右に向けた。すると顔のすぐ傍らでホバリング中の赤トンボと目が合ってしまった。

その瞬間トンボは、「ニッコリ」と笑ったのだ。

いや、「ニコッ」と目が笑ったのだ。私の体に力がみなぎった。

「頑張らなくちゃ。頑張るよ」

ありがとう、ありがとう、本当に元気が出た。

顔を上げて気がつくと、たくさんの赤トンボが私に向かってホバリングしているように感じた。私は立てずに足元ばかり見ていたのだ。

「あ〜、いっぱいいたんだ。気がつかなかったよ」

ありがとうよ。本当に勇気をもらった。うれしかった。聖霊の応援を感じた瞬間だった。水飲み場まで歩けた。あとは覚えていない。

その日から、もう三日間断食が伸びた。確か四十六日間断食しただろう。記録を取らなかったから不確かだが、四十六日間だった。私は最後に、赤トンボに励まされた。本当に感謝している。今もトンボたちは、私の大親友だ。
誰も信じないだろうが、私にとっての事実。あまり大げさに言いたくない。
私にとっての永遠の大親友、赤トンボとオニヤンマよ、永遠なれ。

二章

苦悩の十五年

私が四十一歳で長断食を始めるまでの道のりは長かった。

なぜなら、内なる声を封殺して、逃げてばかりいたからだ。二十代は、人並みの欲で自分の事ばかり考えていた。

何もかも、うまくいかなかった。それはそうだ。

すべて自分の欲に基づき、自分中心で、人の心を利用し計算ばかりしていたからだ。

当時は、わからなかった。頭で理屈をこね、出世と、お金になる事を求めていたが、それではダメだと心でわかっていても、何に対しても誠意がなく、誠意の意味も内容もまったくわかってなかった。

「感謝が足りないよ、北川君」

「はい。心から感謝します」

嘘ばかり、すぐに見抜かれていた。薄っぺらい人間で、クソ人間だった。

「五毒」…つまり、嘘・言い訳・グチ・文句・不平不満。そのあげく、イライラはお手のものだった。私は苦悩していた。

いつもうまくいかず、本ばかり読んで、頭を肥大化させ、何の役にも立たない。へ理屈野郎で、現実から逃げてばかりいた。

知識ばかり、虚栄心ばかりがふくらんだ青二才だった。今その当時の写真を見ても、顔も薄っぺらで情熱のない顔をしているのが一目瞭然だ。笑ってしまう。気が小さい癖に格好だけつけて、自分の嘘にもがいていた。

「何かが足りない」

「なぜ、心が湧きたたないのだろう」

「仕事をして、金を稼いで、何をしようと私はしているのか」

誰に答えを聞いても、そっけない返事ばかりだった。

「そんな事、自分で考えろ。とにかくやりたい事を一途にやる事だよ」

いつも苦しみ、いつも眠かった。京浜東北線で、銀座まで通う満員の通勤電車が苦痛だった。

当然、会社でも疎んじられた。思い出すと再び笑ってしまう。

もう少しで気づくところまできていたのだが、ずっと欲に基づいたシンキング、シンキングに生きていた。

脳でばかり計算して生きていたから、最後は胃潰瘍で入院。白髪まじりの病院の先生に

「私はなぜこんなに胃が痛むんですかね」

と尋ねると、

「君の場合、ストレスだよ。そして食べ物が悪い。顔の吹き出物を見て気づかないのかね」

「えっ　ストレス？　食べ物くらいで、胃が悪くなるのですか」

それが、神が私にくれた罰だった。

そこで初めて私の弱さ、宿根に気づいた。これではいけない。

それから私は、人生を変えようと決心した。

もう少し自分を見つめ、苦悩の源・原因・中心にある黒いものを探って、痛いけど取り出してみようと自分の心の中を見つめ始めた。


心の中を探ってみると、まあくだらないガラクタのような欲ばかり、見栄えばかり、嘘ばかり、自分勝手な理屈が、ゾロゾロ掘り出されてきた。二十代後半から三十代の十年間は、何をしても中途半端でダメだった。

それを母の病神が救ってくれた。それは私が、とことん母の病につき合い、付き添い、約十年間尽くしたからだ。他は全部ダメだったが、たったその一点を、神が認めてくれたのだろう。

本当にダメ人間だったのに…。

私は、サラリーマンを辞めた。

あんなにしがみついていた「大会社」をあっさり辞める事で、線路から降りて広い草原を、一人歩み始めた感じだった。

もうレールはない。自分で道を拓くしかない。逃げても苦悩の荷物は減らないと、はっきりわかってから、とにかく歩み始めた。

その頃から、内なる声に従って、断食と瞑想に心を向け始めた。

何か、心のアカが取れるようにいろいろな事が見え始めた。

必要な人、必要な本、必要な学びの場が次々と現れて、その方向に歩み始めた。不思議だった。想いを変えただけで運の流れが急速に変わっていくなんてこと、本当だったのだ。いや、それはたくさんの気づきをもらったせいだった。

母が死んだ。号泣した。その日から、肉を一切食べなくなった。

そして、転機が訪れた。

身体の状態が改善され、胃の痛みから解放されると、胃が痛くなるほど深く悩まなくなっていったのだ。

大きな船に乗って後ろに立ち、航跡を見ると、波の白いあの時点で方向が変わったのがわかるように、自分という船の進んでいる方向は、はっきりしなかったが、方向転換した時期はよくわかった。それまでの苦悩が、すべて役に立ち必要で、それが今につながっていることも…。

あの頃は、人の幸せなんて真剣に考えたことがあっただろうか。

ただ物欲という自己欲を満たすことだけを目指していた。なぜあんなに荒れた考えを持っていたのだろう。それでうまくいくはずがない。今は、その意味がよくわかる。あの時期も、あの苦悩も、あの失敗も、学びとして必要だったのだ。

今は事の成り立ちがよく見える。当然、嫌われて、裏切られて、また深い傷を負って負わせて、初めてその痛みがわかってくる。病気中の母に対する愛情を、切ないほど持っていたのが、神に対する一条の救いだった。

母の死によってようやく、人の幸せとは、安らぎとは何かを考えるようになり、その意味するところを探るため、内なる声に従って断食を、それも恐る恐る始めることになった。やっと大人への入り口にたどり着いたのだった。

会社を辞めた。

それがスタートだった。しかし、それから先の道はまったく見えなかった。

断食終了後から、それまでとは違ったさまざまな幸運や、神の差し伸べる手にすがる事によって助けられて、少しずつ人生の新たな展開を迎えていた。

上手くいく事も、いかない事も自分の才能によるという思い上がりはまったくなかった。むしろ才能のなさ、自分の人間的レベルの低さにあきれて、じっと土の中で夏を待つセミの幼虫みたいに、田舎で丸くうずくまって、季節を待っていた。

具体的な経過の内容がなく、抽象的な物語になっているが、要するに「我欲中心」の弊害に気づき、三十半ばでやっと社会性の大事さに気づいたという事なのだ。そのきっかけのチャンスをいただいたのが、ひどい胃痛と母の死だったのだ。

私はようやく、元の幹線に戻った。そして自己流で断食と瞑想を始め（後でわかった事だが、それまで私は、自分では幹線を走っていたつもりだったが、幹線から離れて支線を走っていたのだ。それがやっと前世の業の続きを、歩み始めたのだ）心が少しずつ安定していった。

あの自信喪失の十年は、長く辛かった。よくウツ病にならなかったものだ。母に対する看病だけで神が私に救いをもたらしてくれた。

それから、不思議な次なる展開が待っていた。

当時は、本ばかり読んでいた。風呂に入っている時も、入院している時も、夜遅くまで本を読んでいつも寝不足だった。いや、本に逃げ込んでいたのだ。

今振り返ると、「人の人生に無駄なものは何一つない」というが、まったくその通りだ。あの苦悩も、母の看病も、二千冊を超える乱読も、入院も、胃痛も、母の死も、クソタレだった人生も、今に全部つながり、今に役に立っていると言える。

三章

「貧」二十七年の生活

まあ、これからが面白いから聞いておくれ。

あなたも気づきのレベルが上がるだけで、出会う人と、仕事と、その展開がこんなにも違うのかと驚くことだろう。

さて、二回目の断食が終わった頃、私と同じ年くらいのお坊さんが我があばら家にやって来た。墨衣を着た風格のあるお坊さんだった。

「噂では、四十日断食をやられたとお聞きしましたが、本当にやられたのですか。山の中で、一人で…ですか？」

と、強い口調で詰め寄ってくる。

「ええ、山の中で一人で四十日を二回やりました」

すると疑わしそうに

「本当に、一人だけで…しかも水だけで…四十日間ですか？　それはとんでもないことです」

「なぜですか。なぜとんでもない事で、しかも一人断食がいけないのですか」

「仏教では、断食を認めていません。あなたのように、一人で断食されたと宣伝されれば、素人が真似する恐れがあります。とても危険です」

お坊さんは、追及の手を緩めない。

私は面白かった。この方は、何を恐れているのだろう。仏教の権威を、素人が汚すとでも思ったのだろうか。私は、落ち着いていた。深くゆっくり呼吸をしていた。お坊さんの呼吸が荒くなってくるのがわかった。すると不思議なことに、その方の質問の内容が、その方が口にする前に一瞬に読み取れた。その上、その答えも私の胸に湧いてきていた。私は、「あれ…何だろう」と思った。

そして話が事前にわかった通りに展開していった。

「私は、同僚と三人で悟りを目指して二十一日間断食をしたのです。そのうち一人は亡くなり、もう一人の同僚は苦しくて、途中で断念しました。二十一日間、完遂したのは私だけでした。そのくらい完全断食というのは、苦しく厳しい修行なのです。素人が何の修行心もなく、簡単に断食をやるのはとても危険です。もう、やってはいけません」

と強くとがめ立ててきた。私は答えはわかっていたが、ゆっくり聞いた。

「あなたは何で、そんなに、苦しい断食をされたのですか」

「むろん、修行です」

一瞬むっとされ、すぐに強く胸を張った。それから再び強い口調で、

「北川さんは、なぜやられたのですか」

「私は導きに従っただけです。修行ではありません。だから二回目は少しも苦しくなかった。終わってみると、聖霊に守られていたのか楽しくさえあった。あなたは修行されたから苦しんだのです。私は何も求めていない。四十日やったからといって功名心もありません。終わって用意されていたのは、ご覧の通りただ貧乏です」

胸に浮かんだ通り、用意されていた答えを言った。

そのお坊さんは、憤然と立ち上がり、座布団を蹴って帰っていった。二度と来なかった。

その後、私は人が私に質問する内容が、その人が口にする前にわかり、その答えも先に浮かんでくる事がしばしばあるようになった。

私は二十七年間、貧乏陶芸家だった

私が小国で住んだ借家は、ボロ家だった。

満願寺温泉の一番谷奥の、曲がりくねったSカーブの石垣の上にある農家で、当時（昭和五十八年）で築五十年以上は経っていた。牛舎と母屋に分かれ、牛舎も母屋も傾いていた。トイレは「ポットン便所」で、風呂はなく、下、二百メートルの所にある共同温泉に毎日入りに行った。風呂代が一人一回百円で、三十九度のぬるい温泉だ。昭和五十八年に家族で移り住んだ。

小国郷には、知人も友人も親戚もなく、知り合いは一人もいなかった。まったくの流れ者だった。村中から、奇異の目で眺められた。小さな町で、町中の人は外者の私の名を知っており、私の方は大家さん以外の知り合いはなく、村人の誰一人名前を知らなかった。それでも私は平気だった。なぜなら、この町では私に過去はなく、二～三カ月でまた、屋久島か沖縄に移るつもりでいたから、仮の宿というわけで平然としていた。まさかここに二十七年も住むとは、予想していなかった。

この家は、とても酷《ひど》かった。同時にとても面白かった。あちらこちらが傾きっぱなしで、食事の時は居間の畳に右手をついて、左手で食べなければならなかった。卵も、箸も丸いものは、みな転げ落ちた。さらに驚いたことに、この九州の田舎の家は、夏向きに作ってあった。つまり冬はたくさん着込めばいいが、夏は暑く、脱ぐには限界があるので、風通しを良くする造りになっていた。それはどんな形かというと、家の構造はとてもシンプルで、田の字である。なんと中も外も壁はまったくなく、障子と襖とガラス戸とだけで四つの部屋に仕切られていた。それを全部取っ払えば、柱だけが八本残るスッポンポン。中央に一柱だけの大きな部屋となる。私は驚いた。

「すごい、この家は日本人の知恵の固まりだ」

作られた方の思い通り夏はいい。しかし、冬はたまったものではなかった。

マイナス十五度にはなる。ツララが冬風にあおられると、斜めにぶら下がる。この家は、冬も夏も、毎日毎朝、年中家と外が同じ温度。冬は布団の中も、家の中も外もみな凍てつく。閉まりの悪い、斜めの戸は隙間だらけでストーブは効かず、雪は布団の中まで降り込んできた。

まあ～寒かった。楽なことに、冬の天気は寝ていて天井の隅を見るだけでわかった。

「青空が見えるから、今日は晴れ…」

このように年中、外と中は同じ天然温度、調整いらずで快適だった。風は西から東へ吹き抜け、帰ってこなかった。そんな貧乏屋なのに、なぜか、たくさんの方が私を訪れてくれた。それは毎日毎日、この昭和末期の家のどこに魅かれてくるのか、いろんな方々が訪ねてくれた。

訪れた人はグルっと家の中を見回し、みんな異口同音にこう言った。

「北川先生にふさわしい家ですね」

（…えっ、こんなボロ家が私に似合っているのか…）

「北川先生が、近代的な家に住むと感覚が鈍ってくるんじゃないですか。やぁ、この家に住むからきっと感覚が研ぎ澄まされてくるのでしょうね」

（なんかうれしそうに言うな…）

この家に住むようになってから、ヒゲはボウボウに、髪は伸び放題（散髪代がなかっただけなのだが）の姿で生活していた。すると、そんな人たちまでもなぜか私を「先生」と呼び始めた。

※　※　※

冬の隙間風は、肩を冷やす。

私は傾いたボロ家に、板とビニールと段ボールを張りまくって、隙間を埋めていった。

夏は湿気と蚊に悩まされた。爽やかな夏の朝、目覚めるとムカデが一緒に寝ている事があった。赤黒い、大きなムカデの添い寝はうれしくなかった。

大阪から泊まりに来た姪っ子は、寝ていて「顔にムカデが走った」と言って、飛んで帰った。もう二度と来ようとはしなかった。

畳は五十年前の物で、ズボズボ、大家は決して替えてくれなかった。

「自分でやっとくれ。そのかわり家賃は一万五千円でいい」

「えっ、この廃屋で、ボロ畳で月に一万五千円…」

まあいいか。どうせ二〜三カ月で移るから…と思ったが、あらまあ…そのまま二十七年間も住んでしまった。

春と秋は素晴らしかった。澄んだ清流の底に住んでいるようだった。見上げると空がいつも青かった。それぞれの季節の香りが毎朝、家に流れ込み爽やかだった。夏は蚊の対策さえしっかりすれば…（ただ蚊取り線香をたくだけだが）夜は真夏でも毛布が必要だった（現在、平成二十九年は無理。あれから三十年、夏が狂ってきた。今年の夏はずっと三十五度の日々が続き、私は熱中症になってしまった）。なんせ標高六百メートルくらいだから、東京の高尾山山頂の気候だ。

持ち家ではなく、借家だったからどんなにボロでも平気だった。ずっと強気で「いつでも引っ越せる」と気楽に決め込んでいた。何度も叫ぶ…それが、なんと二十七年…この家と、このボロ家に我慢する私を、みんなが称賛する。「北川先生にふさわしいボロ家ですね。先生がここで精神が研ぎ澄まされる感覚、訪れてわかりました」

住んで二〜三年もすると誰もが、村人さえも、ボロ家とヒゲボウボウの姿を結びつけて、私を「先生」と呼ぶようになっていた。学校の先生もした事がないのに「先生」を付けて私を呼んだ。そしてそれに私もいつの間にか慣れ、先生らしく振舞うようになっていった。

小国に住んで数年も経たないうちに、あちこちから招待されて、公民館や小学校で「講話」を頼まれるようになり、家賃分の「お布施」をいただくようになった。結構引っ張りだこになっていた。

ところが家はだんだん、傾いていった。

ある時、大手建設会社の幹部の方たちが、親善のため十人ほど訪れて来られた。皆さん、黒い背広を着用され、ビシッとされていた。まるで地方のローカル暴力団のような男の雰囲気をされている。そして、畳に上がってもらったが、柱にもたれかかって話を聞こうとする人がいる。

「あっ…あの、柱に寄りかかってはダメ、柱はダメです。もたれかからないで…家が揺れるから…」

今度はみんな遠慮して、座敷の中央に固まろうとする。

「あっ…固まってはダメ…家が傾くし、畳が抜ける。バランスよく、そう、平均に散って座ってください。あっ…どすどすと歩いてはダメ…ゆっくり静かに、滑るように歩いて、床を刺激しないで…壊れそうだから」と手で制する。

慌てた皆さんは、両手をついて、這って恐る恐る散らばって座る。その姿が可愛かった。

皆、専門家だから家を調べてもらったら、どの柱も人の頭くらいの石に少し乗っているだけだという。特に真ん中の柱はもう、石からずれて、宙に浮いているらしい。

「それで家がブラブラ楽しげに揺れるんですね」

当時の山田部長は誇り高く宣言した。

「北川先生、この家は震度一で間違いなく倒壊します。私が責任をもって保証します」

「保証…そんな保証してもらわなくてもいいから、倒れないように補強しておくれ」

それから十年経って、たくさんの人たちの寄付で食事を摂る居間だけが修理でき、床が水平になった。

その夜、水平になったテーブルで家族で卵を転がした。

卵は、転がらなかった。箸も転げ落ちなかった。

「わぁ〜すごい。転ばない！　奇跡！」みんなで拍手をした。

涙が出るほどうれしかった。全員、畳に手をつかないで、両手で食事をした。

「手をつかないで食事するって、お茶碗持てるし、食べやすいね」

と末の息子が感嘆してくれた。親としては恥ずかしかった。ニコニコして私は、

「貧乏って楽しいね」

これ、強がり？　いいえ、心からそう思っていた。

四章

断食中に森でもらった元気

二度目の断食のため山に入った。断食中は一日中食事を摂る必要がない。時間がたっぷりとある。ただクヌギを背にして座り、目をつぶれば真っ暗で、目を開けるといっぱいの緑と青空があった。あとは鳥や虫の声と、木々の甘い香りと風の匂いだけで、体に精気がみなぎってくる。

三食食べて、仕事をして、対人処理に忙しくしていた時に比べ、長い断食中は何もせず、ただボーっと座るだけだから、時間がたっぷりとある。この、ボーっと過ごす行為がとても大切で、何か宇宙というか、脳の外から意識あるエネルギーの情報が絶え間なく、果てしなく入ってくるのがわかる。暗闇で、脳がパーパー発光している光景が浮かぶ。ホタルの光みたいで熱はなく、宇宙の意識とそのエネルギーに感応して、脳の神経が発光しているという感じである。

脳は、脳の外からくるエネルギー意識に反応している間は忙しく、青い空や、若葉や風の香りや、林のざわめき、草の輝きを遮断しているが、心と肌と脳以外の細胞は、その脳が遮断した情報を全部楽しんでいた。

何もしないで緑のざわめきの中にボーっと生きるのは、とても爽やかで、心は安定し、食べなくても究極の安らぎの中にいることができた。

当時の私にはわからなかったが、四十日間、脳と全細胞の智恵は、宇宙からくる智恵を着々と蓄えていたようだ。だけれど私はその情報を解読するのに、二十年はかかった。いや、まだ解読していないから、三十年間、まだ解読中と言えよう。

私の脳は、今まだ、ボー中で、睡眠時間は人の倍を必要とする。（朝が弱い。言い訳になっているかも）

四月・五月は、ウグイスの目覚めの季節だ。体調の整った時は、断食で足が萎えるのを防ぐため、少し遠い谷まで散歩する。すると、深い谷あいで「ウグイスの谷渡り」を体験することがある。まあ、春のウグイスは元気がいい。にぎやかに騒ぐ。こちらも、体調がいい時につき合う事があった。

「ケキョ！　ケキョ！」と鳴くから、

「ケキョ！　ケキョ！」と返すと、

「ホー　ケキョ」と応える。

私は遊びたくなり、

「ホーケキョ！　お前はかわいいね」

「ケキョ　ケキョ」と、また応えるから

「学校行かないでいいの？　ケキョ　ケキョ　ケキョ？」と言うと、

「ケッ」と短く返してくる。楽しくなって、

「お前はサボりだね」とか、「姿見せろ」「食べ過ぎるなよ」「アホだわ…」とか、いろいろからかうと、いつまでも応答してくる。

谷のウグイスは、本当におしゃべり好きだ。しまいには、こっちの方が飽きてくる。

時によっては、二～三羽が同時に右や左、奥の谷から、

「ケキョ！　ホーケキョ！」と、かけ声を返し、おしゃべりに加わってくる事があった。

またウグイスと違って、いつも頭上で騒ぎ、明るいよく通る声でおしゃべりをする鳥がいた。名前がわからない。

カラス以外の森の鳥たちは可愛い。ヒバリは、空の高い所で騒ぎまくる。

カッコウは遠くから、

「ホー　ホー」と声をかけてくるから、

「オーイ　オーイ　コッチコッチ」とかけ合うと、

「ハーイ　ハーイ」と応えてくる。結構長い間、つき合ってくれる。

春の森の鳥たちは、みな元気で仲がいい。

断食中は、ほとんどの内臓が早めに夏休みに入るから、脳が疲れない。前も言った通り、睡眠時間は二～三時間でよくなる。

その間、全細胞は感覚を研ぎ澄ましてくるから、舌と皮膚は敏感に反応する。いや、目以外の器官、例えば鼻・耳・皮膚の触感が鋭く働き、細かいことを見分けわかるようになる。

一回目の断食か、二回目の断食の時か定かではないが、森の中にいて、遠い海から台風がやって来るのが二～三日前からわかった。厚い波のエネルギーとしてやってくる。例えて言えば、柔らかい、厚い気の固まりが、オローン、オローンと、そう、山と林を包むようにやってくる。

「あー何か得体の知れない巨大なエネルギーがやって来る。準備しなきゃ」

と、テントの張りを強めたり、雨に備えてテント囲いの溝を深くした。

二～三日後、空の堤が破れたような大量の雨が降り続け、小さなテントごと流されそうになった。その風と大雨は長い間続き、小さなテントはきしみ、細いアルミの柱は途中から斜めにゆがみ、折れそうに曲がる。重い雨はテントを揺さぶり、激しい音をたててこの小さなテントを押しつぶしそうにする。私は必死にアルミの支柱と天井を支えた。やがて向こうも飽きたのか、やっと夜明けに去っていった。

すると夜明け前のこの時を待っていたのかのように、カワセミや鳥や、カエルたちが一斉に歌い始める。その早朝の明星の刻に、虫や鳥たちのいつもの歌声の「朝の宴」が始まって、ホッとした。

※
※
※

六月に入った頃だと思うが、朝、腰から下がムズムズする。

「台風と違う何かがやって来る」と予感が走った。

一日置いて、「ドーン」とやってきた。

「ドーン　ドドーン」と大地が揺れる。何かが下から突き上げてくる。直下型の地震だった。

私は前もって正体を知っていたので、慌てなかった。

「おっ…やっぱり…」

大きさも前もって感じていた。クヌギの大木にしがみついていれば大丈夫。クヌギが守ってくれると知っていた。揺れる時間は短かった。クヌギにしがみついて、目の前に広がる大地を見ていると草木が波打つのが見えた。

「大丈夫、大丈夫」と言い聞かせながら、クヌギにしがみつきながら見ていた。

台風も地震も、前もってその巨大なエネルギーを感じ取ったが、その質は明らかに違っている。

台風のエネルギーは身体全体に入り込み、私の身体の筋肉エネルギーはカラッポなのに、いきなり充電され、何か筋肉の喜びに満ちた興奮で、いてもたってもいられないような元気になる。幼子が裸になって走り回りたくなるような興奮で、両手を空に向かって上げたくなった。足の筋力がないから、両手を頭上で躍らせ、老人のようにテントの周りをウロウロするだけだが…。そのおかげで、私の大事なテント横の黄色い花のお花畑を踏みつけてしまった。

「あ〜、やっちゃった」とあとで悔やんだ。

このように、台風のエネルギーは筋肉にしみ込み、私を興奮させた。

思い出すと同じ経験を小学校三年生の時にしている。小学校の校庭の真上に台風の目がやってきて、上空の真黒な空にぽっかり青空が空いた日、私は家から飛び出して誰もいない小学校の広い校庭を興奮しながら、一人ぐるぐる、ぐるぐる走り回っていた。

幼い時の、あの何か「興奮した感覚」その感覚をいまだに覚えている。

直下型の地震のエネルギーは、また質が違った。

「よっしゃ〜、頑張るぞ。負けてたまるか、やり通すぞ」

と気力が充実してくる。

「よっしゃ、よっしゃ」と口にしながら、横綱のように足を鳴らしていた。

台風と地震のエネルギーの質は、明らかに違っていた。

地震のエネルギーは私の萎えた心の力、気力にカツを入れてくれた。何かしら
「よし、頑張ろう。やり抜こう」と「希望に近い意欲」みたいなものを注入してくれた。

もちろん、他にもちょうど必要な時に、神の導きの充電があったからこそだが、トンボや蝶たちとこの台風のエネルギーと、地震のエネルギーのおかげで、四十六日間断食をくじけそうになりながらもやり抜けたのだ。

実は「五十日間」を目指していたが、四十五日目に強い意志の声が響き、

「やめろ、これ以上は死ぬ」と右後ろから聞こえた。

最終日、天気は覚えていない。秋山さんと杉野さんが迎えに来て軽くなった私を抱きかかえて、山から救い出した。二人はいつも見守ってくれた。今も感謝している。

神のごほうび

断食を終えて里に戻った私には、「ド貧乏というご褒美」が待っていた。

秋山さんと杉野さん以外誰にも知られず、助けもなく独りでやったせいか、人間界からのごほうびは、「偏見」と「誤解」と「ド貧乏」だった。

神からのごほうびは、「安らぎ」と「平和感」そして「後に開花するさまざまな直感力というすごい才能」をいただいた。

最大のものは、宇宙エネルギーとの直通電話というか、天に開いた光の穴を感じる事ができるようになったことだろうか。

何と言えばよいのか、「導きの条光」か。

言葉で説明できないが、「導きの光」…、何か説明できない「透明な力」みたいなものに通じたのは確かだった。それからは必然を含んだ偶然がひんぱんに起こるようなった。

それらは、次の章で記す。

ある必然の法則に従った不思議な偶然の展開が次々にやってきた。次々と、と言っても三十年の月日が必要だったが…。

今、夏の湘南海岸に立って海を眺めていると、狂ったようにエンジンをかけて走る水上バイクやボートの若者たちは、地震のエネルギーではなく、きっと、あの抑えようのない興奮を呼ぶ海の台風のエネルギーをもらっているのだろうと想像できた。

五章

あばら家を後に

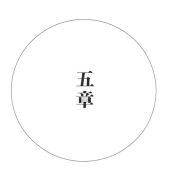

ある事件が起きていよいよ、あばら家を後にしなければならない時がきた。この家は川が近くで、いつも雨が降っているように川の音が聞こえた。おかげで真夏も涼しい風が入っていた。また梅雨時の雨の日に訪れた人は、途中で変わる雨音に驚き、「大雨になる」と立ち上がろうとした。

そんな時、私はいつもなだめなければならなかった。

「大丈夫、大丈夫、薄いトタン屋根だから、このくらいの雨でも土砂降りにきこえるんです。大したことありません」

実際、そのくらいの雨音で、家の前の、河の水は濁るまでにはいかなかった。

家のすぐ右横を、後ろの小山から走る小さなせせらぎが、洪水の目安だった。このせせらぎが突然豹変するほど濁ると、自宅前の川は増水しあふれ始める。そうなると三十分後に二十キロ下流の杖立《つえたて》温泉峡で土砂崩れが起きた。

川に面した十畳の座敷は広く、崖の下は小川が左から右に流れていた。座敷の正面はさまざまな濃さを持つ落葉の木が繁る小山が、デンと景色をさえぎっている。

日本家屋独特の暗さを持つ屋内から、山を正面にして足を組んで座ると、家の中は薄暗く、外は明るく、部屋の中に緑の微光が映えて、ゆったりと気は落ち着いてくる。

春も秋も、雪の積もった冬も、座敷から見る外は、素晴らしい安らぎの景色となる。それこそ禅のお坊さんになり切って何時間でも瞑想できた。

季節はいつも色と香りを座敷に運んできた。私は東京から小国に引っ越すにあたり、少し高級（と勝手に思い込んでいる）のオーディオを買って持ち込んでいたが、半年もすると風の音、季節のささやきに負けて、人工の音に魅力を感じなくなっていった。オーディオセットは、そのままホコリをかぶっていった。

前も言ったように、その廃屋周辺はヘビやカエル、トカゲと蚊の王国となっていたが、彼らもまあ、そうそう家の中まで入ってこなかった。

ところが、ネズミとネコは違った。ネズミもネコも飼っていたわけではない。ガンとして餌をやった事はない。だのにこのボロ家のどこがいいのか、断りもなくズカズカ上がり込み住み込んでいた。

住んで二十七年、建って七十七年経つともう傾きがひどくなってきていた。建築家の山田さんの診断を待つまでもなく、小指の一押しで崩れ落ちそうになっていた。でも、私たちはまだ住んでいた。

そしてついに、冒頭で書いた事件が起きた。ある時、夕食の頃いつものようにネコとネズミが天井でキャッキャと騒ぎ、楽しそうに走り回っていた。すると、小さなゴミが舞い落ちてきた。舞い落ちる天井のゴミを避けながら、いつものように食事をしていた。

やがて、薄いベニヤ天井が鍋の底のように膨らんだ瞬間、「ドドーン、バーン」と激しい音とともに、天井を走り回っていた太ったネコと、何を食って太ったのか、大きなネズミが同時に落ちてきた。私はまだ食事中だった。その時驚いたのは、私だけではなかった。箸を持った私と、太ったネコとネズミ三匹の目が、

「ワァー！　ワァー！　ワァー！」

と見つめ合ってしまった。一瞬、三匹（私を含む）は固まった。

次の瞬間、あっという間もなく二匹は食器と、貴重な食べ物を蹴散らかして、左右に逃げて行ってしまった。その後、私はどうしたかまったく憶えていない。ネコとネズミの驚いた目だけは覚えている。

その時、私は覚悟した。

「あ〜、もうこの家ともお別れの時がきたんだ」……もうガマンしなくていい……と、神のお告げが聞こえた。

その後、私は瞑想をしていると、少し広い土地で草が背丈まである所をかき分け立っている私の姿がくっきりと浮かんだ。

「あっ、これが私の家の建つ所だな」と確信した。

一年ほどして、その時に見えた絵とそっくりの場所を、私の財布の中の金額で手にした。

断食後、そんな風に夢や瞑想でくっきり見えた映像が、時々現実化していくようになっていた。良きことも、悪しきことも心にくっきり写った絵は、形をなした。

そしてまた一年後、山田氏設計の夢に見た通りの小さな家が、陽当たりのよい土地に建つことになった。

こうして私の、ド貧乏生活と廃屋生活が終わった。――神は必ず埋め合わせをしてくれる。だから悲しみに耐えて良きことをなせ――。

運が、そこからまた「氷の観音」が指さす別の方向へ急展開していった。

六章

インドへ
次につながる世界へ

断食後、心は安定したが収入はまったく安定しなかった。

それもそのはず、一回目の断食、二回目の断食を含めて三年間、まったく働いていないのだ。収入があろうはずなかった。それでも、秋山さん、杉野さん始め、いろんな人から援助いただき、瞑想会の依頼、新聞のコラムなどで家賃程度のお賽銭をいただいていた。

私と言えば当時（今も…）、お金を稼ぐという考えが欠如していた。一度の四十日断食で、減食四十日、断食四十数日、復食四十日と合わせておよそ百五十日ほど断食状態になる。

またその他に、年初めから年内に十日とか二十日とか断食をし、一年で半分くらい断食状態にあるから、働けるはずがない。お寺さんでもないから檀家もなく、金銭的援助はまったくなかった。またそれを人々にあおぐ才能のかけらも持ち合わせていなかった。

それでも不思議と焦ることなく、何となく光に包まれて、導きのまま生きていた。

今思っても、「何もしてなかった…し」ただ、ボーっと暮らしていた。普通だったら、健康で働かないというのはもったいないが、私の場合、セミのサナギ状態でやがて羽がはえてくるのを待っていたのかもしれない。

なんだかんだ、だんだんと私のうわさが広がるのか、人が訪れるようになっていた。

断食後、たびたび自分の前世らしき夢を見るようになっていた。また、前世で私とともに生きていた、私を師としていたと言う人がいろいろな所から現れ、まったく知らぬ人から私の前世を教えられる事になる。

はっきり言いたいが、私は自分の前世は見えない。人様の前世も見えない。そういう霊的な能力は、この生では欠如しており、あまり興味もない。

「嘘っぱちだ」と思うことがたびたびある。特に前世が見えた「私は前世でお姫だったみたい」「私はインドの貴族だった」「私は侍で武将だった」「一国の主だった」とか言われると、そんなに前世がみんな偉い人ばかり？

「いや、ただの百姓だとしか見えない」と言いたくなる。

私も根拠がないから断言できない。でも多くの方の生まれ変わりの前は、苦悩の百姓か最前線の兵士のように思える。

そんな私でも、断食後しきりにお釈迦様の事や、その頃のお釈迦様のお姿の夢を見るようになった。何かしらインドに行かねばと強く思うようになっていた。お金もまったくないのに…。

何だろう、はっきり心に決めてイメージしていたら、偶然が重なり必然となって次々にチャンスが訪れインドに行ける事になった。それが「想いの法則」でもあると後々わかるようになった。当時の町長から、

「インド？　インドですか？　そりゃぁ遠い。壮行会をしなければ」と町長主催の壮行会も開かれた。資金も集まった。英語もしゃべれない。インドの事もまったく知らない。おまけに海外に行った事もない三人（私と後藤さん、長尾さん）が行くことになった。１９８８年頃の事だった。円も弱く、航空運賃も目の飛び出るほど高く、遥か東方の未開の地インド…何でインドですか。当時はみんなそんな程度の知識しかなかった。黒川温泉の後藤さんと、大工の長尾さんと三人でがむしゃらに旅立った。

青い空に満ちた少年時代も、迷いの極みにあった三十代も、できようとできまいと、悲しみも喜びもすみやかに流れ去り、光のかなたに溶け込んでしまったように、私の若い頃のインドの旅も、さまざまな体験と思い出のみを残し、時の流れのかなたに流れ去ってしまった…が、少しずつ思い出してみよう。

お釈迦様の生誕の地ルンビニー、悟りの地ブッダガヤ、初転法輪（最初の説法を試みた土地）サールナート、入滅の地クシーナガルの四大聖地を時間をかけ、ノミとダニと下痢に苦しみながら探し訪ねた。

釈尊が裸足で歩いた行路をたどってみると、すごい距離であった。これを当時の僧たちはほとんど皆裸足で歩いたのか。私たちの汗は止まらず、一日中ほこりだらけで、どの道路もかすむほど混雑していた。

交差点では自転車、バイク、リキシャー、荷車、バス、トラックが混然とすき間なく走り、その一瞬の何百という乗り物は不思議と事故を起こさないで走り合う。

そうだ、私はボンベイの大きなロータリー（交差点）で一日車の流れを眺めていたことがある。すき間をつくる間もないほどバスと人力車、自動車などあらゆる車輪がものすごいスピードで侵入してくる。だが、お互いにとっさの呼吸でとけ合い、夢物語のチャップリンの映画のごとく流れに乗り合って固まっては、ロータリーの端から散ってゆく。延々とそれが続く…不思議な映像的現実をのぞく思いで、その様子は面白く飽きなかった。

当時のベナレスやインド南部では、目を覆いたくなるような貧困が広がっていた。釜と敷布一枚で一生路上で過ごす子連れの家族を多く見た。いたる所で体中むき出しの傷口でカニ歩きする少年たちに出会った。そこにインド・ヒンドゥー独特のカルマの哲学があった。貧も身体の不自由にも、泥と病気に悩まされつつ生きるのも、彼らの今世の乗り越えるべき勤めの一つという。日本人のちょっとした甘い「やさしさ」は彼らのカルマの解放の「邪魔」となるらしかった。少年少女たちのむき出しの傷口は私の胸を突いた。

西欧社会と違って体の不自由な少年たちや老人たちは、裕福な人から見れば前世の果たすべきカルマであるとしてまったく無視されていた。少年たちは、耐えきれなくなった私の目と合うと、執拗《しつよう》なバクシーシ（喜捨）を要求してくる。私の少々の「やさしい心」では通用しない。いくらバクシーシしても彼らは満足しなかった。私がほんの少しお金を渡し始めると、多くの体の不自由な若者たちがワンサと集まり始め、私のすべてを出し尽くせとばかり百の手を出してくる。

彼らはバクシーシを求めるが、お礼や感謝はしない。なぜなら、彼らからしてみれば「私のカルマ」を解消してあげているからだ。礼を言うのは喜捨できた私の方なのだ。いつ私とあなたが逆転するかわからない。少年は今世たまたま貧者で苦しんでいるが、今のカルマを全うし、この苦しい現世を耐え抜けば来世富者になれる以上、人として「対等」なのである。

同じ意味でここでは、牛も豚も金持ちも乞食《こつじき》も皆、業の上で対等なのである。同じ「苦の同胞」なのだ。

このインドの街の混沌と内にある平和感は、転生を信じることによって生まれてくるのだろうか。

今世の現実、すべてが一瞬（五十年か八十年かわからねども）の幻、時の滴、うたかたに過ぎゆくもの。やがて消えゆく心の記憶にすぎない。あっという間の光陰なのであろう。

同じように私が体験したインドの世界も、今思い返すと、もうすでに、すみやかに流れ去っており、戻ることのない時のかなたの光の中に溶け込んでいってしまっている。だから釈尊は言われる。心して「今世中に欲の激流を渡れ」と…、私は渡りたい。

この旅の中でも思い出すのは、インド北部の聖都・リシケシに滞在した時のこと。滔々《とうとう》と流れる北部ガンジスの清流に面した広い河原の真ん中に、壊れかけたコンクリートの台があった。その外に飛び出たコンクリートのひさしの下で一日中、河を眺め瞑想していた三十代らしき僧の目である。

十月下旬のヒマラヤからの寒風でたき火があおられている中、たった一枚の黄色の布を体に巻き、薄い座布団の上で、ひらすら坐を組み半眼していた。

日本にある仏像の中で半眼の美しい如来像があるが、同じような、ずっとこの世を突き抜けた遠い瞑界の向こうを見ているような、迷いのない不思議な力と雰囲気を秘めた黒い半眼に、私は引きつけられた。釈尊も「かくありなん」と思わされる魅力があった。

三人の年上の僧たちが毎日世話をし、講義を聴いていた。私は汚れた自分を見透かされるのを恐れて、近づき話しかける機会を失った。今も何かあの不思議な半眼に切なく会いたいと思う時がある。

無欲そのものの目と姿であった。私は一週間でそこを去った。今はどうされているだろう。

クシーナガルの釈尊の入滅に地に到った時、菩提樹の林の木陰で持ってきていた本を開き読んだ。

「この世を知り尽くした旅人、人間と神をも導く至高の人、その人は始めに素晴らしく、中間で素晴らしく、終わりで素晴らしく、精神と言葉において素晴らしいダンマ（悟りの言葉）を説いている。その人は完成され、純粋で清らか…」と当時の釈尊の姿が彷彿としてきた。光る姿に会ってみたかった。切なかった。きっと気《け》高く歩み、豊かな姿と慈悲に満ちた目で人々を見つめてくれたであろう。輝く透明な光輪に包まれて、どんなにまぶしかったことだろう。声はきっと体を震わせるほど透き通って、私たちを貫いたことだろう。私も恐れず立ち上がらねば…。

私たちは仏陀を求めてさらに北に向かった。

ニューデリーと、オールドデリーでは、よく騙され、貧しいインド人に手こずった。また、日本人の一人旅の女性を何人も助けた。現地の水で、肝硬変になり寝込んでいた。その頃、たびたび日本人女性が一人で旅する姿を目にし、その勇気に目を見張った。その頃から、女性の勇気ある行動が活発になってきていた。おかげで私の女性に対する考えの甘さや、偏見が修正されていった。

インドでは、飲み水に気をつけ、決して生水は口にしなかった。そのおかげか、一度も赤痢にならず、下痢もせず風邪もひかなかった。

英語もしゃべれず、ヒンズー語も理解できないのに、ホテルを選び、長距離バスに乗り、ネパールにも行き、ポカラの湖でボート遊びもした。よくやれたものだ。なんとかなった。

なぜかインドの食事は私に合った。インドの辛いカレーも、ネパールのトマトカレーも何か懐かしくぴったり私に合った。そんなわけで私はかつて、前世のどこかでこの地に生きていた事を実感した。生き生きと行動した。

楽しくて仕方なかった。

いろんな音楽や現実の言葉も、地名も、何か懐かしさを伴って私の耳に心地よく入ってきた。でも、現実の私たちはインド人によく騙された。しかし、旅の後半に入り、顔も焼け、旅慣れた顔つきと物腰になり始めると、そういう変なインド人は近寄ってこなくなった。インドのさまざまな出来事は、悲しくて、面白くて、これも一冊の本にする事ができるかもしれない。

旅の後半で、六月から七月になろうという頃だったか、私たち三人のうち一人後藤さんが先に日本に帰り、私と長尾さんは次の地の準備のためにデリーに戻っていた。バスの行き先もわからず、地図を頼りに砂とほこりが逆巻く道を、首にタオルを巻いて歩いていると、日本でも見かけないほどの立派な大きなバスが三台、私たちを追い越していった。驚いて立ち止まり目を上げると、窓際で肘をついて私たちを眺めるお坊さんたちと目が合った。三台目の運転席の上に「寺院」と漢字で書いてあるのがチラッと目に入り、

「あっ、日本のお寺さんの観光バスだね。長尾さん」

「わぁ～豪華ですね。いいな。私たちは砂まみれ、汗まみれですね」

「それにしても、インドでも見たことのない高級バスだね。日本のバスはすごいね」

「えぇ、私たちがインドで乗ったバスは、どれも底が見えたり、座席のバネがはみ出して痛くて座れませんでしたね」

「そう、座席に座っていると、立って乗るインド人の汗が私たちの顔にふりかかるし、そのうえゴンゴン揺れて、あれ、あの汗、雨のように落ちてくるから避けられないんだよね。なんかお互いに辛いよね」

私たちは、砂塵の向こうに消えゆく三台の高級バスをいつまでも見送っていた。

日本に帰ってある全国版の新聞に、有名な高僧がインドの旅の投稿をしている記事に偶然出

会った。

「あれ、これはあの時のバスの人たちだ」と思って読み進めると、インド各地の貧民を歩いて訪れ、手を取り激励し、手助けし、憐れんでいる記事だった。

「あれっ、あの人たちが歩いた距離はわずかなはずだよね。この紀行文に書いてあるように砂まみれで歩いたのは、私と長尾さんくらいだよ。あの人たち、バスで巡って楽しいインドの旅をしてたよね」

まあ私たちは貧乏旅行で、一泊日本円で十円の所に泊まったりもした。どこに泊っても、ノミとシラミにやられ体中、赤いシミでいっぱいで、旅の後半はノミとシラミ恐怖症に陥ったが、よく病気しなかったものだ。

その中でも、楽しい思い出がある。

一つは、ネパールのポカラで泊まった小さなホテルで、毎朝一人で咳をし、辛そうにしている若い旅人が目についた。

長尾さんが、

「あの人、どうも日本人みたいですよ」

「うん。そうか、一人で辛そうだね。薬があるし、助けよう」

声をかけてみると、まだ二十代の小柄な好青年だった。

「小崎です、よろしく。風邪をひいて熱が出て、なかなか治らないで困っています」と笑顔で、でも辛そうだった。

「東京から中国に渡り、山を越えて自転車でネパールまで来ました」

「すごい人だね。まだ先があるの？」

「インドに行って、アフリカに行って、ヨーロッパを巡って…そこからはまだ考えていないです。南米は南端の岬まで行きました。風が強くて道が石だらけで、自転車が走らず、ずっと自転車を押して岬の先端まで行きました。あそこが一番辛かった。それと中国で怪しまれ、何とか峠を越えてネパールまで逃げてきました」

私たちは、彼の自転車旅行の行程の長さと勇気ある行動に感動した。小柄で、眼がきれいな男性だった。

私たちは、日本の薬と梅エキスを渡して励ました。

「日本の方と日本語が話せて、とてもうれしい。それだけで励まされます」

「まだ、次に会えるのは何年か先かもしれないけど、きっと会おうな。住所交換しよう」

それから三日ほど一緒に過ごし、元気になったのを見届けて別れた。少しはにかみ、澄んだ眼と笑顔が印象的だった。

ところが、小崎君は三年後、南小国の私の廃屋に訪ねてこられ、一カ月わが家に泊り、その頃始めていた陶器の自然灰釉《かいゆう》造りの手伝いをしてくれた。一宿一飯《いっしゅくいっぱん》の恩義というやつだった。自転車旅行の世界一周の本も出されていた。面白い内容だった。

さらに緑が深まり交流を重ねるうちに、私が紹介した女性と結婚することになった。私は初めて仲人役をやった。世間に疎い私は、後にも先にも仲人として宴席に出たのは小崎君しかいない。今もその時いただいた、記念の小さな目覚まし時計を使っている。

二つ目は、私と長尾さんは、またニューデリーでインド人に絡まれている日本人夫婦を助けた。この出会いが後々、私の人生に大きなチャンスをもたらすとは夢にも思わなかった。これが神の仕組んだ必然性のある偶然という幸運の玉つきの始まりだった。

「大丈夫ですか？　お金を奪われなかったですか？」

「ありがとうございます。川村と言います。東京から新婚旅行で来ました」

「新婚旅行は私が行きたかったインドがいいと無理矢理、彼に頼んで、二日前に来たのです。何もわからず、オロオロしてしまい、心細かった時に助けていただき、とてもうれしかったたです。ありがとうございます」

二人はとてもスマートで、奥さんはインドで買ったインド風のドレスを着ていて、よく似合っていた。賢そうな女性だった。

「私はカメラマンです。東京で本の表紙写真や、いろんな広告チラシの写真を撮って生きています。まだ駆け出しですが、ここで風景写真を撮っていたら絡まれて、『ここは映してはいけない所だ。ポリスに連れて行く。金を出せば拘留しないから金を出せ』とおどされて困っていました」

と苦笑いしている。人の好さそうなカメラマンだった。

人生は面白い。こんな小さな出会いと、こんな小さな人助けが私の人生の後半を切り開いていくチャンスになるのだから…。次の言葉が思い出された。

「人を助けることに躊躇しちゃいかんよ。何でも困っている人を見たら、惜しまず助けてやりなさい。きっと神様がいつかプレゼントをくれるからね、北川さん」

と、何度もその老婦人に言われた。

その老婦人は、福岡で事業を起こしさまざまな辛酸をなめた上で成功し、満願寺温泉にたびたび湯治に来ていた。村の一番上の家に住む、ド貧乏の私にいろいろと差し入れをくれた。

私が深い恩を受けた方の一人だが、その言葉が私を救ってくれた。困っている人を惜しまず助けていると、運の神は次々と出会いの風車を回し、私たちを人生の高みに吹き飛ばしてくれる…素晴らしい幸運という人生の贈り物を用意してくれる。

川村夫妻は、心細いからと私たち二人について巡った。翌日、私と長尾さんが週一の断食をして二日目の朝、長尾さんがお昼にサモサを一つ食べたところ、目を回して私たち三人の前で気絶してしまった。私は気絶した人を初めて見た。長尾さんは目を回していたが、死んではいなかった。

「私たちのホテルが近くにあるから、そこで休ませましょう」

と川村さんが言ってくれ、三人で長尾さんを担ぎ込んだ。長尾さんに水を飲ませると、一時間で意識が回復。長尾さんが倒れてくれたおかげで、私たち四人はさらに仲良くなり、何か同志みたいに絆が深まるに至った。

四人であちらこちらのバザーを訪ね歩いた。川村さんの奥さんが、服飾のデザイナーをされているというので、インド綿の布を買いあさった。

とても楽しい三日間だった。今も、あのバザーで冷やかしながら買い物をした光景を覚えているし、当時のテーブルかけは今も使っている。

本当に、この出会いが日本に帰った途端、次々と次の出会いを触発した。それは鐘が響き合って次の鐘が共振し、鳴り始めたようだった。偶然の出会いが必然となり、神は思いもよらぬ方向へと私を引っ張っていった。

どう考えても、インドに行った事、そこで川村夫婦に出会った事、後に川村夫婦の縁で、東京の東急プラザの総支配人が絶妙のタイミングで私を訪れ、東京の舞台へと私を引っ張り出した事。この一連の偶然の出来事のつながりは、神が、私がインドに行く前から準備され、画策を始め、すべての出会いを全部仕組んでいたとしか思えない。あり得ない偶然のタイミングで人とつながり、人生が開かれていった。若い時の志の低い、グズな私だったら、神はこの幸運と才能の開花をもたらしてくれなかっただろう。

私が二回目の長断食を完遂したのを見届けてから、これらの偶然の出会いが準備されていたようだった。ここに一般の世界で成功した人たちのあり得ない出会いとチャンスというみんなに共通のマジックというか、成功の法則を感じる。

それが動機の純粋性に基づいた、希望につながる法則だ。

ここからが、必然を含む偶然という世界の私の始まりだった。

それから私は、不思議体験を次々とした。

インドの旅も終わりに近づき、日本へ帰るためにチケットの再予約をしなければならなかった時もそうだ。安いチケットで来ていた上に、持って来たお金も底をつき始めていた。最終搭乗日だけ決められているチケットで、その期限内に飛行機にのらなければ、そのチケットは無効になり、私たちの残ったお金では、もう新しくチケットを買う事はできなかった。ところが、ニューデリーもデリーも、大都市のどこの航空代理店に行っても、その前後のバンコク行きは満席で、「小野さん」呼ばわりされた。

「オーノー、ナウ、ゼアー、ノーキャンセル…」つまりキャンセルも一件もなく、キャンセル待ちも当てにならない。「オーノー」ばかり言われた。私たちは焦った。もう残り三日もない。私たち二人は、血まなこになって代理店を探し、尋ね巡った。しかしどこも全部満席と言われ、何か「ケンモホロロ」という形で手を振られ追い払われた。

もう後がない最終日の午前中にデリーで、きれいな航空代理店を一軒見つけ訪ねてみた。男性の店員から再び、

「やっぱり残っていない。もう一度だけラストチャンス、昼の十二時に来てくれ」

と言われた。私も長尾さんも疲れ果て、消沈して宿に戻り、ベットでうつ伏せに死んでいた。

十二時になって、

「先生、約束の時間です。ラストチャンスと言われたから行きましょうよ」

と長尾さんが肩を揺するが、私は行きたくなかった。今行ってもまた断られる。そして再び落ち込んでしまう。帰れないという恐怖の中で動けなかった。

「どうするんです。ラストチャンスを捨てるんですか。行きましょう」

長尾さんも声が荒くなっていたが、私は動けなかった。私は自分が情けなかった。何も思いつかず、ずっと伏せていたが、三時になった頃、何か急に目の前が明るくなった。お店に急に行きたくなった。立ち上がって、

「今から行こう」と寝ている長尾さんに声をかけた。

「もうあれから三時間も経っていますよ。約束時間をとっくに過ぎている。もうダメですよ。どうするんですか」

「いいから、お店に行こう。私だけでも行ってくる」

長尾さんはしぶしぶ起き上がって、お店についてきた。

天気が良く、その日も陽が照って、街の中はホコリだらけで暑かった。焦りながら急ぎその代理店に入った途端、

「オー　ユーア　ナイスタイミング」とその男性店員が立ち上がって大きく両手を広げてくれ

た。私はその時、彼がとっても男前に見えた。「ユーアー　ベストタイミング、ミステリアース」と、「アース」を大声で叫び、喜んでくれた。

彼が言うには、今からわずか十分前にイギリス人夫婦から二枚キャンセルが入ったと言う。そして、それを私たちに知らせようと思ったが、ホテルの名前と電話番号を聞いていなかった。だから今、別の人に連絡を入れようとしていた、と言うではないか。

「今から十分前に来ていても、十分後にあなたたちが来ていても、おそらくこのチケットはあなたたちに渡らなかっただろう。オー、なんと不思議なのだ。あなたたちは幸福の神に守られている。素晴らしい！　ラッキーマンだ」

ニコニコと、とてもうれしそうに新しいチケットを切ってくれた。

「あなたたちは、ベストタイミングでやって来た。本当にラッキーだ。あなたたちには素晴らしい神がついている」。何度も「ラッキー」を口にし、強い握手を求めてきた。

私たち二人はほっとして、また彼の興奮ぶりにあっけにとられていた。それほどきわどいタイミングだった。よくまあ、十二時に行かず三時に行く気になったものだ。あの三時に急に湧いた力は、どこから来たのだろう。何だったのだろう。チケットがもらえなければ、お金も底をついていた。インドから帰れなかったのだ。

宿に帰って、再びチケットを見た時しみじみとうれしさがこみ上げてきた。本当に不思議な偶然、タイミングの良さと、不思議な運の神に見守られている事を実感した。

心の中で何度も都合のいい、いつもの言葉「神様、ありがとうございます」を今回は本気で感謝を込めてつぶやいた。偶然の一致が本格的に動き始めた。

しかし真に実感と喜びが湧いたのは、帰りのバンコク行きの飛行機に乗って座席ベルトを閉めた時だ。

「ふー……」と大きな、大きな、ため息が出た。

帰れないかもしれないという恐怖から解放され、

「あ〜、本当に帰れる。神様ありがとうございます。疑ってごめんなさい」

心から謝った。

七章

無職から陶芸家へ

私は怠け者で、意志が弱く、気が小さいため、これまでの人生で何一つ貫徹できたものはなかった。

いや、一つだけあった。神が唯一、今生くれたチャンス、それが四十日断食だった。このために私の挫折を準備し、苦悩を与えてくれていたとわかる。他には何もない。他には、言い訳を作るために本を三千冊くらい読んだ事くらいかな。それも乱読で、藤沢周平の文に魅かれた。そうだ、藤沢周平は全部読んだかな。海坂藩に憧れた。

銀座の会社を、何もかも中途半端で辞めて信州に行き、やっと神の示す道を歩み始めたのが、三十九歳で熊本に移住してからだった。文章が書けるようになったキッカケは、新聞社秋山さんのおかげだった。私がお金に困窮していて、見かねた秋山さんが原稿用紙二枚の週一のコラム欄を斡旋してくれた。安いとはいえありがたかった。わずか八百文字の短いコラム欄に濃い文を載せるために、主語、述語、装飾語、接続詞を全部除かなければ、想いが書き込まれなかった。しかし、このコラムは、私に高い文章力をもたらせてくれた。それには今まで読み込んだ本が役に立った。

週一だったが、結構評判良く手紙をもらった。例えば、私の「満月と夕陽を天秤にかける」という文章に、その沈む夕陽と昇る満月が、秋のある一日の夕刻に、一瞬だけ同時に、天秤のように広げた左右の手のひらに載る。その瞬間を紹介したところ、瀬の本高原のあざみ台に百人以上の人々が遠くから予告なしに集まってくれて私がそこに立った時、皆さんの拍手に驚いた。その人々に照れくさくて何も挨拶できなかったのが今、悔やまれる。「ありがとう皆さん…、来ていただいてうれしいです」くらい言えればよかった。このコラムは百週続いた。

ある時、秋山さんが、

「先生、先週のコラムに先生が職業は自由業と書いてありましたが、自由業は弁護士先生や俳優の人たちを言うのであって、北川先生は無職ですよ」

「え〜、私は無職！」息が止まった。

机の上にたまった砂ぼこりを吹いた時のように、軽く「誇り」が飛び散った。私は深く傷ついた。誇りが飛び散ったあとは、柔らかい豆腐のような傷つきやすい下地の心が残されていた。

「そうか、そうだな。今、私は無職だな」

もう神に頼むしかなかった。断食中の私は、森の中で神に頼んだ。

「神よ、私の心は床に落とした豆腐のようにグチャグチャです。今日も秋山さんに笑われ、私の心はくずれ…落ちそうです。どうか私に職業を下さい」

私は真剣に祈った。秋山さんや杉野さんには、恥ずかしくてこんな祈りを捧げた事を隠していた。だが、神が私に職業を与え、願いが叶った時、秋山さん以外の人には言って回った。

この自分勝手な祈りが通じて職名がもたらされた事が不思議だった。あとで、これも、秋山さんのこの一言も、のちに陶芸を始めるキッカケとなる神の策の一つだったとわかった。すべて先に、先に準備されていた。気の小さい私は、その準備の良さに慌て驚き、神の手のひらで踊りながら生きていた。上から見れば、さぞ滑稽だった事だろう。

「何を慌てふためいている小心者め。準備されたこの道をちゃんと歩め」と言われ続けていた。

神に祈った日から、森に一人で入った私は、たき火の灰を三つに丁寧に分けて集めていた。

一つは木の小枝、二つ目はクヌギの落葉、三つ目はクヌギの実（どんぐり）…。

なぜ灰にこだわるのかもわからなかった。何も考えず、ただそれぞれの灰が美しいから、捨てるのがもったいないからと集めていた。森の中の四月、五月の朝晩は寒く、たき火は欠かせなかった。

一か月後断食が終わり、山から下りる時、送ってくれる杉野さんの車の窓から道路の脇に山のように積んで捨ててある青いトマトを見た時、

「あれを燃やして灰にすると、どんな灰になるかな」

と、普通だったら到底考えもしないような思いつきが浮かんだ。あの山積みの青いトマトが、

なぜか光って見えた光景を忘れない。

ところが、自宅に着いてみると、小学校で使う円い小さな陶芸用の灯油窯が庭に置かれている。小さな煙突もついている。

「どうしたんだ、これ」

「あ、それ、北九州の方が北川先生に似合いそうだからって置いていった。自宅が狭くて邪魔になったらしい…」

灰と窯…そうか、いくらバカな私でもわかった。神が、「陶芸しろ！」って…「自然の灰を使え！」って…。

「ほら、窯もあげるよ！」っていう声が聞こえたように感じた。

それから本屋に駆け込んで、陶芸に関する本をあさり、むさぼり読んだ。

合成灰と自然灰がある事がわかった時、

「あっ、やっぱりあの自然灰でやれと言う事か。あのトマトも灰にして釉薬《ゆうやく》を作れって言っているのか」

すべて納得、合点がいった。

それから、さらに準備されていたとしか思えない、すごいシンクロニシティ（偶然の一致）

が次々に起こり、必然性を持ち、私の人生が、はっきりと一つの方向に流れ始めた。

そのスタートは、すべてインドで川村夫婦を助けた事から始まっていた。

いいや、時間差から考えるともっと前、インドに行くと決めた時に、私の陶芸の道が準備されていた事になる。そして川村夫妻とインドで出会うチャンスからすべてがつながり、次の展開へと、そう、水が上流から下流にきれいに流れるように運が流れ始めているのに気がついた。


私が本を読んで最初に作ったトマトの灰釉《かいゆう》の器と、クヌギの木の灰で作った、なんとも美しく手放したくないお皿が、今も二つ残っている。神がプレゼントしてくれた器だ。死んだら、あの世に…持ってはいかない。この世に、ちゃんと残して行くつもりだ。

私は本を熟読し、試行錯誤し、やっと素焼きまでたどり着き、茶碗とお皿と湯呑みらしきものを作った。釉《うわぐすり》は、半年かけてトマトとクヌギとナスを灰にして作った。


素焼きで少し要領を覚えた私は、本焼きにトライした。四十四歳の夏の終わり、秋に近い日だった。

初めての本焼きは還元が効きすぎて煙突からモクモクと出た真っ黒い煙で、私の二つの鼻の穴と窯の周りはススで真っ黒になった。気がつかず手の甲で鼻を拭くとヒゲになった。

翌日の夕方、ワクワクと不安の二つを混ぜながら、窯の重い蓋を開けた。

「オー　オー」

と、自然灰釉の透明感のある、その美しさに感嘆しながら、一つ一つ取り出していた。合成釉の器とまったく次元の違う美しさだった。

天気の良い日だった。初めてにしては、上々の出来だった。

その時、私の肩口の後ろから、

「こんにちは、こちらが北川さんですか」

野太い声がした。

振り返ってみると、がっしりとした体格の見知らぬ男性が、庭に通じる自宅の坂道を上って来ていた。

私は、まだ熱い陶器の皿を持ったまま挨拶を返した。

「あっ、こんにちは。私が北川です。どちら様ですか」

予約もなく突然だったので、怪訝な顔で尋ね返した。

「私、東急プラザの野々村と申します。今、それ、何をされているのですか」

いきなり尋ねられた。

「あー、今焼き上がったばかりの私の陶器を、窯から取り出しているんです。まだ少し熱いですよ」

と何気なく熱いお皿を一枚渡した。私は軍手をしていた。

「あ～、熱い、アツイ…でもいい色です。美しいですね。まだあるなら他のも見せてください」

熱っつ～と言いながら窯をのぞき込む。

「ええ、今まだ取り出しの途中ですが」

と、残っている茶碗や湯呑みを渡して見せた。

「あー、素朴でいい器だ。少しゆがんでいるのも個性的でいい」

とまるで専門家のような口ききだった。

「私は、東京渋谷の南口にある東急プラザの支配人をしている野々村と申します」

と言って名刺を差し出した。

「いやー、これ全部欲しいな。迫力もあって、とても美しい」

「えっ、これ、今初めて焼いたばかりで売り物にはなりません」

「いや、これで値段を付けましょう。全部欲しい。送ってください」

「全部ですか？」

「そう、全部です！」強く断言する。

とにかく話したいとボロ家の縁に腰をかけた。私も押されて仕方なく、慌ててコーヒーをたてて出した。

私も昔、東京にいた事はあるが、渋谷の東急プラザなんて知らなかった。野々村さんは愛想も良く、目もしっかりとして、口も正しかった。信用するに充分、足る人だった。その上若いけれど落ち着いている。

「北川さんは、いい顔をされている。もちろん器もいいですよ」

と年上目線でお世辞みたいな事を言う。

「いや、ご覧のような貧乏屋に住んでいます」

「これらを売って、少し儲けてください」

「エッ、これ売れるんですか」

「いや、売れます。皆さん欲しがります。確かです。何かこの器は違います」

「東急プラザって、どこにあるんですか」

「渋谷です。駅の南口の正面です。その地下に渋谷市場っていうのを作りました。そこで売ってみます」

話は勝手にトントンと進んで…いや、一方的に進んで、私が売りたくなくて、こっそり抜いたトマトのお椀と、ナスの釉のお皿を除いて全部送った。

その時の話を要約すると、どうもあの私がインドで知り合った写真家の川村さんの奥さんが、東急プラザの店頭の陳列のデザイナーとして活躍しているらしい。

その仕事の合間のお茶飲み話で、「インドで面白い人に会った。ヒゲの男性で、山奥に住んでいる」みたいな、思い出話のネタになったのだろう。それが耳に残っていて、私の住所をメモしていたという。

福岡博多のデパートに用があり、仕事が思いがけず早く終わったので、翌日思い立って一日出張を伸ばし、博多から特急を乗り換えレンタカーでわざわざ三時間以上もかけて、山奥に住む、得体の知れない私に会いに来ていた。よく私の住む場所がわかったものだ。当時はカーナビもなかった。

私の職業も、一体、何をやっている人間なのかも知らなかったはずだ。あの写真家の川村さん夫婦は「私は北川さんの所に行きたいな、小国に絶対行く」と言いながら一度も実現していなかったのに、代わりに野々村さんが、天の特使として私に使わされて来たという案配だ。それも、二本の時の針と針の先がドンピシャリ重なり合うような、あり得ない絶妙なタイミングで…。こんな偶然の一致が一体あるのだろうか…。

私が窯を三十分先に開けて、品をしまった後だったら、陶器を見るチャンスはなく、きっと私の陶器には出会わなかった。また、まだ器を焼いている最中だったら、窯が開けられず陶器を見られずに帰ってしまっただろう。時間的に寸分の狂いもなく、まだ熱い陶器を無理に取り出している、その真っ最中に、まったくドンピシャリのタイミングで私の家の坂を上って来てくれた。長い時間をかけた偶然の一致がここで完成していた。

まあ見事なタイミング…運の神よ。あなたはすごい…。すごい、本当にすごい…。

「大当たり、大将！」と言ってあげたい。あのインドで、帰国の最終切符を偶然に手にした時とまったく同じ、ドンピシャリの一致というタイミングではないか。これが神技なのか。

野々村さんは一体何に突き動かされて、わざわざ遠い山深い阿蘇の小国まで、何時間もかけて来ようとしたのだろう。彼をここまで動かしたのは、なんだったのだろう。

これは、私の意志ではない。私にはコネもつながりもない見知らぬ、東急プラザで一番偉い総支配人の野々村さんを、ここまでこの絶妙のタイミングで呼び寄せる力はない。

この話は今から三十年前のこと…。

私にとって、あの直下型の地震を起こせるほどの力と同じ、私を導く何かの力が働いたとしか思えない。私には、そんな力はない。でも、何か天に通じる力が働き、偶然の一致が起きた。野々村さんにしてみれば、なぜこんな遠い山奥まで来たのかわかっていないはずだ。何となく何かに突き動かされ、わけのわからない、何をしているか、そこにいるのかもわからない見知らぬ人間に会いに来た。

博多まで出張させ、仕事を早めに終わらせ、時間を作り、さらに一泊させるほど野々村さんを動かした導きの正体は何だろう。何か意志のあるエネルギーがそうさせたのだろう。

このこと以来、次々とそのような偶然とは言えない力が働き、私に必要な分だけの収入をもたらせた。なんと三十年経った今は、私は立派な陶芸家だ。

人生、本当にこういう偶然の一致は起こるのだろうか。すべて準備されていたのだろうか。

私は何気なく、森の中でたき火をして木の灰を集めていた。山から下りて家にたどり着くと、何と陶芸窯が置かれていた。初めての作品は、コネも紹介もなく、普通では入り込むこともできない、当時渋谷で一番老舗の東急プラザという販売先まで準備されていた。それからさらに、十七年間も旧東急プラザがなくなるまで、最上の待遇で販売対応された。

いや、これらは本当に、私の人生上に起こった事だ。そしてそれからさらに、次の展開へと連鎖していった。

ここまで、そしてまたさらに、未来に渡ってこの導きの偶然の一致という力は働いてゆく。私にとってはすべて必然な事実であった。神よ、あなたの意に添って生きます。

……これが始まりだった……

八章

陶芸家としての旅立ち

私は新聞記者の秋山さんの言う通り、当時しばらくは無職で無収入に近い状態が続いていた。突然、神が「陶芸家」？　恥ずかしくて口にできない…、そんな立派なものではなく、焼き物作りの職を置いていった。

普通なら売れるはずのない、ド素人の私の作品を東急プラザで売る手はずまでも神が整えてくれた。それを私は、親からの、当然のもらい物のような錯覚をし、感謝もせず受け取ったのがいけなかったのか、売れなかった。しかし、そんな私を励ますように窮地から脱出させるという導きの力の「次の準備」に載せていただいた事に後で気づいた。

それは、その頃から世間に陶器作りブームが広がっていたのだ。

そのブームは、地方である熊本でも始まっていた。美術館やデパートが県内の陶芸家に呼びかけ、熊本市内でも盛んに陶器展が開かれるようになっていった。私も当然その流れに乗った。厚かましくも、地名をとって「満願寺窯」と名乗って、そのブームに便乗した。私は神から、陶芸家という職をもらった。それを使いつつ、同時に「心にある力」を人々に説いていた。陶器は駆け出し以下の技術力なのに…、時代の波に乗って売れていった。

焼き方も自分流で、作品は美しいが一定の基準までいかないのに、熊本のデパートの催し物にも出展させてもらった。型は美しくないが、今見ると、その出来のデコボコの陶器たちに味

わいがあり、一生懸命さがにじみ出ていて、
「うーん　なかなか味わい深い」、もうこれは二度と作れないと思ってしまう。なぜなら、脳は「やればやるほど、下手になる」事はさせてくれないからだ。また、やればやるほど飛躍的に伸びるのは、天才的な人の話。私のような四十過ぎたド素人から始めた人間が、美しく美術的な作品を作る事はできない。面白いもので、美しくて独創的な器は創れないが、素朴で味わい深い器は作れるのだ。いつまでも手元に置いておきたくなる…そんな器だった。

作り続ければ「昨日より今日、今日より明日と一ミリ以下のスピード、イモムシ以下の上達具合で上手くなっていく」。

それが「イヤラしい」。やり続けると一日一日上達し、型の美しいものを作っていくのだ。素朴さが消えていく。

ピカソは絵の上達を嫌って、まず一メートル先に筆を付け描いた。しかし、それでも上手くなっていく。筆を二メートル、三メートル伸ばし、五メートル先に筆を付けたと聞いた。さすが五メートルも筆を伸ばすと、今度は望遠鏡が必要となってくる。だからそれはないだろうが、私みたいな凡人でも少しずつ上達していく。それが「イヤラしい」。

脳は勝手に進化していく。下手のままでいいのに…と何度も脳のやり方に逆らった。

つまりサボる、何もしない、土を扱わない日を作る。つまり怠ける。それは失敗した。そうすると作品がなくなって生活が再び困窮する。もう一つは、自転車に乗るのと同じで、「体が覚える」のか時間を置いて取りかかっても、同じ立ち位置から再スタートしてしまう。もう元の「あの素朴さ」には戻れない。わざと下手を真似るしかないから、そこに嘘が混じる。これが脳のイヤラしさだった。

しかし、私以外の人たちからみるとその心配は無用だったようだ。

東京銀座の大きなデパートで陳列して、器を並べて、私が誇らしげに立っている時だった。幼稚園児を連れたお母さんが、

「わぁ、ほらほら○○ちゃん、あなたがこの間作った同じような器が並んでいるよ。よかったねぇ」と大きな声でニコニコとして買わずに通り過ぎる。

素朴なお母さん方には、私の作品に進化の跡はまったく見えないらしい。私は心の膝がガクッと折れそうになる。ぐっとニコッとこらえるしかなかった。

しかし、今さら神に逆らって無職になるわけにはいかない。

※　※　※

東急プラザの野々村さんからは、初回の送付すぐ後に、

「全部売れた。早急にあと百個作って送ってください」

と連絡が入った。また一カ月すると、

「もう百個送れ」と言う。

「えっ、一体どんな売り方をしているのだろう」

と首をかしげていると、今度は、

「北川さんが、直接売りに来ないか」というお誘い。

「イヤ、なんぼ何でもそれは無理。私は始めたばかりだし、第一、渋谷には行ったことはない。東急プラザの場所も知らない。東京は今はもう一人も知り合いもいないから、泊まる所も知らない。野々村さん、無理です」

「大丈夫ですよ、北川さん。あなたの生活費を作り出しましょう。飛行機には乗れますよね」

「ええ、多分乗れます。ここ十年以上東京行きに乗ったことはないけれど、山を降りたところに熊本空港がありますから」

「それじゃあ大丈夫。秋の十月頃から一週間、東急プラザの地下で売りましょう。ホテルはこちらで確保します。値段は、お皿はこのくらい、コーヒーカップはこのくらい、お茶碗はこのくらいの値段を付けてください」

「わかりました。今日から取りかかります。いくつ作ったらいいでしょう」

「とりあえず二百五十個、百万円分作って送ってください。一応、場所代を東急がいただかなければなりません。北川さんはいくら払えますか」

百万円…。当時の私の一年分の収入をはるかに超えた額に驚く。

「私はまったくわかりません。申し訳ありません。初回なので野々村さんにお任せします」

「そうでしたね。じゃあ場所代は売上の○○%にしましょう。あとはすべてお任せください」

陶器を作り始めて一年も経たないうちに、東京に進出することになった。

今までまったく未経験の東京という未知の商売ジャングルに、四十過ぎて迷い込まねばならなかった。不安の方が大きかった。

※　※　※

行ってみると東急プラザは、渋谷駅南口にある赤い大きな高級デパートのようなビルだった。何だかにぎやかしそうな、たたずまいだ。それからさらに、次々と神の仕込んだワナに私と人々がはまっていく。

その秋一週間、東急プラザの地下、渋谷市場でわずか畳二枚分のテーブルに陶器を並べて売り始めた。

惨敗。

まったく売れなかった。でも不思議な事になぜか通りすがりの人が立ち止まって私の話を聞きたがった。

東急プラザの地下の売り場で、ヒゲぼうぼうでボーっと立っている私に、なぜかしら身の上話や、悩みを打ち明けてゆく。陶器はまったく売れなかったが、悩みの人が立ち止まった。

一回目、山ほど残った陶器を前にして、野々村さんは、

「次回は四月にやりましょう。評判は上々です」

と爽やかにおっしゃる。そんな野々村さんは、私よりも輝いている。

断食中に私を捜しに来たあの警察官が、今の野々村さんに合ったら線香を立て、かしわ手を打ち、両足を揃えて拝むに違いない。それほど輝いて見える。

私は驚いた。まったく売れていないのに春も…やるんですか。いいんですかと、心でつぶやいた。

翌年の春、渋谷駅を出て正面の東急プラザの前に立つと、

「おッタマゲタ！」

と叫んでいた。

何と、東急プラザの最上段の屋上から、大きな大きな垂れ幕がデーンと三階分ほど、ぶちぬかれ下がっている。

「阿蘇の陶芸家　北川八郎の自然釉陶器展　4／11〜4／18」

まだ始めて三年も経っていないのに「阿蘇の超有名な陶芸家？」

神様はイタズラが過ぎる。面白がり過ぎるじゃない…。私は恥ずかしかった。

こうして私は職をもらった。どんどん背中を押されて、前に押し出されている感じ…。

何と数年後には銀座三越の五階、大きな有名ギャラリーで個展を開くまでになった。そして売れた。

断っておきたい事がある。東京には、東急の野々村さん以外のコネはなかった。まして、三越まで入り込めるコネは持ち合わせるはずがない。そんな下心も、野心も持ち合わせていな

かった。ただ導きに従っただけであった。そう、お客が三越を紹介してくれ、あっという間に銀座三越で七年、池袋三越で三年個展ができた。両三越が伊勢丹に買い取られるまで続いた。

その間、私の子どもたちは成長し、大人になった。

こうして陶器ともう一方、私の話を聞きたいという人が増え、人数は多くなかったが三つのルートで講話会が広がっていった。これが、今に続く私の本来の使命となっていく。

※
※
※

その頃やっと私が断食の神からもらった智恵を、私の脳が日本語に訳し始めた。神から教えてもらったことは、なかなか日本語に交換できなかったのだ。もちろん英語にも…。あっ、それからフランス語にも…。

ちょうど私の陶器展が渋谷東急プラザで始まった頃と重なった。先に言ったように、私の話を聞きたいという講話の会開催は三つのルートで始まった。

一つは、秋山さんの新聞社にコラムを書いていて、それを読んだ人々が熊本市内で講話会を開いてくれた。

そしてその時話した内容を、担当の梶さんが勝手にテープに収め文字起こしをして、薄い自家本として五冊に分けて発行してくれた。当時私にはテープから本にするという発想はなかった。一冊五百円、それが広がっていった。

「断食のすすめ」「ベジタリアンライフのすすめ・長寿に生きる」「対人苦からの解放」「心にある力」「繁栄の法則」それに新聞に載せたコラム「光る足」。後に「仏陀の百語百話・赤本・青本」と広がっていく。

二つ目は、東急プラザの展示場で私から話を聞いた方が、渋谷近くの公民館で「お話会」をたびたび催された。それから二十年…今でも毎年三回、春・夏・秋に東京中野サンプラザで楽心会セミナーとして続いている。

三つ目は、お店をされている方や、会社を運営されている方に頼まれて書いた本、「少し損して生きる・繁栄の法則」（致知出版社）が別なルートを伝って、あちこちで火が付き始めていた。

まるで、春先の少し湿り気のある枯れ草に火をつけたように、ジワジワ、シコシコ、消えそうになると神のフウフウという息が吹きかけられ燃え広がっていく。そう、私の想いを遥かに超えて三十年…今も渋々燃え続けている。

九章

人脈の広がり・欲でなした事はすべて挫折する

神からもらった職業・陶芸は東急プラザから、あっという間に三越にまで広がった。

不思議な事に、断食後はいつも体と、右肩上に何か精霊みたいなエネルギーが私を包んでいてくれるのを感じていた。

私がいきなり純粋で、欲なき人になったわけではない。平凡なサラリーマン時代からの欲を引き継いだまま、神の用意した導きの道を、私でいいのだろうかと首をかしげながら歩いてきた。

私を浄化してくれたのは、いろんな所で話した心の話と人々の反応だった。私が断食中に、光から送り込まれた「膨大なデータ」を少しずつ理解できた分を、人々に伝えることにより、逆に私の生き方の方が徐々に訂正されていく。

つまり、私の耳が一番私の話を聞かされ、私の話で私が変わっていった。こうして私は次の事を知った。

「罪は消せる。その人の心に償いの光が満ちた時」

私が知らずになした罪と、また私の欲で傷つけた人々のために、その人々の幸を祈ることが私の毎朝の日課になった。私が凡々と生活していた二十代・三十代、私はたくさんのやましき罪を背負った。

シミや、折り目が入った心の癖は、形状記憶金属のようにすぐに元に戻っていたずらをなす。足を揃えて自分を絶えず正さないと、折り目入りの傷は消えてくれない。

陶器の一方で、各地でお話会が広がっていった。行き帰りの一日かかる場所での講演も、なかには片道のガソリン代くらいしかお布施はなかったが、女性がいつも先に集まった。あれはどういう現象だろう。後に少しずつその意味がわかってくる。

陶芸家から講話会、そしてセミナーへ

神の準備した現実生活は陶器だけではなかった。

もちろん陶芸でも素晴らしい物を創るチャンスと能力をもらった。今まで人々が気づかなかった果物やトマト・ナスといった野菜、そしていろんな野草や菜の花から自然の釉を作り「陶器の草木染め」みたいな技術を確立した。特に桜から作った釉やスイカ釉、メロンの器は美しい。まるで十六、十七歳の女性の肌のように生き生きとして美しい。そして藍の釉は重々

しい重量感…それは圧倒的だ。美しい器はその分、なかなか思う通りの色は出ない。数年に一個できるかできないか、その程度であった。

今、心がときめき楽しみにしているのは、福島の被災地で果樹園をされている木村玲子さんから頼まれた、青リンゴの実から作る青リンゴ釉だ。完成にはまだあと三年はかかる（二〇一七年現在）。オリンピックの年にはできるだろうか。青リンゴの実、三百五十キロから、いったいどのくらいの量の灰釉がとれるのだろうか。きっと小さなバケツ半分だろう。

私の場合、器の型より、釉の美しさを大切にする。ずっと手びねりできたから、大量に碗や皿を作る時間がない。一つ一つ祈りを込め手びねりで、ゆっくり作る。

ところが人生の後半にいたると、だんだん陶器作りよりも、人の心を耕す機会が増えてきた。そして、世の中は同時に陶芸ブームが縮んでいった。私がそれを見通して、仕事を講話の方にのり換えようとしたのでは決してない。

平成二十一年頃から、企業から心のセミナーを頼まれる事が多くなっていき、またその方面の私の本も売れるようになった。二〇一五年を機に世の中の流れが変わった。

神からもらった初めの職業は陶芸だった。だが、それから三十年、徐々に心のセミナーから経営者セミナーへと、私の職の中心が移っていった。私が意図したものでなく、人々が心の安らぎを求めるようになり、それは物を求めていた時代から、心の安らぎを求める時代への要請でもあった。ここでも私は導きに従った。

私の子どもたちが、中学・高校へと育つ時、それに必要な生活費が陶芸という形で十七年間続いた。それは東急プラザの展示会で補われた。そして、子どもたちが旅立つ頃、渋谷の東急プラザは壊され、きれいになくなった。

東急プラザでは十七年間、総支配人が変わっても売り場とホテル代と飛行機代、場所代は同じ型で受け継がれ変わることがなかった。東急の人の裏切ることのない人間性を感じた十七年だった。

同じ頃、七年続いた三越も伊勢丹に変わり、五階のギャラリーそのものがなくなった。まるで私の導きの力は時代の変化を見越して、次の準備をなしていたようだ。私の道は心のセミナー開催の方へと準備が整っていった。私が意図したわけではない。

私のセミナーの開催には、だいたい十年ごとの変化があり、広がっていく。

初めの小国セミナーは、日田市の中原氏が加入し広がった。そして十年目に北九州市の経営者の和田さんが応援に入り、さらに十年後パソナキャリアの渡辺さん、三菱の吉松さん、山田寛さんたちがセミナーを後押しし、全国に広まり、私の本が売れ始めた。

その間、私の心のデータは解読され、どんどん言葉となって現れてきた。

企業セミナーのきっかけは、パソナキャリアの渡辺さんの依頼から始まった。二年かけて、約千人近い社員さんに向けて、心のセミナーをさせていただいたおかげで、企業間の問題そして苦悩が理解でき、それは神のデータと一致していった。解決のための深いいろんな言葉が次々とあふれ始めた。私はそれを夢中で書き留め、伝えていった。

『すべては、準備が整った時にやってくる』の通り、セミナーが整うまで一直線で三十年かかっていた。私にとってここまで、すべてが一瞬だったが改めて数えると、三十年が経っていた。導きに従ったおかげか、その間、作業を苦にする事なく、その一瞬一瞬を楽しむことができた。

※　※　※

断食を終えると草原に佇む事が多くなった。

南小国町にある押戸石《おしといし》という千メートルの高原に立つと、阿蘇から久住、そして別府湾まで見えるのではないかと思うほど、草原が雲の向こうまで広がって、心が揺さぶられる。

阿蘇・南小国町にある押戸石の丘

草原と雲の間に挟まれて座っていると、地球の廻る音に気づくようになる。

いや地球と宇宙の擦れる音のようなのが聞こえてくる。時がゆっくり動く音かもしれない。そして、そこに立つと立花隆氏の言う「天のクスクス笑い」があなたにも聞こえるだろう。

雲が浮かぶ空と草原に挟まれて立っていると、地球という楽園に生命を得たのに、日本という素晴らしく緑に恵まれた大地に立たせていただいたのに、勝った負けた、お金が足りない、運が悪い、売り上げが伸びないなどという他人との比較の中で、愚痴や文句や数字を追う小さな「せちがらさ」に、天がクスクス笑っているのに気づく。

もう二度とない大事な時間を小さな欲で失っていく文明人を笑う声が聞こえてくる。さあ、君よ、あの草原に立ってみよう。この草と雲の間に佇んでみよう。きっとあなたにも宇宙のクスクス笑いと、地球の廻る音、使命を見失い、そしてあくせく生きている自分への恥ずかしさが、響き合って聞こえてくるだろう。

「もっと春の桜を楽しめ。もっと秋の紅葉を楽しめ。真夏の白い雲を、秋の青い空を楽しもう。人でいる時間は短い。この時代の、この国に生を得た意味を知り、残された時間の中でなすべき使命を果たせ」という声を私と同じように、あなたも聞くだろう。

「お前の、このわずかな日本という楽園のトランジット時間を楽しめ。次のトランジットの行き先は日本でなした結果と、日本で果たせなかった宿題が決め手となる」

という声が聞こえてくるだろう。

「次の世界に持っていけるのは、お前がなした罪と、人にもたらした喜びだけだ」と言われるだろう。

だから、できるだけ早くこの真実を確かめて、四十代に入ったら残りの時間で、今まで詰め込んだ欲の荷物を降ろし、なした罪を消して、今世、まだ残したままの宿題を果たす方が先決だろう。

人の喜びにつながること、善なることをやり尽くしていれば、下降しても怖がる事はない。必ず上昇する。神は必ず穴埋めしてくれる。

お釈迦様も言われる。

「諸悪莫作《しょあくまくさ》、諸善奉行《しゅぜんぶぎょう》」（できる限り悪をなさず、できる限りの善行をなし次の世へ進め）。本当に神はやくざもんだ。良きことも、悪しきことも、私たちがなしたなら「必ず埋め合わせをする。悲しみに耐えて良きことをなせ」。

確かに口で言うのは易しいが、実行するのは富士山に登る以上に難しい。ただの口善人にならず「道を歩む人」となるように、そろり歩み出した。

心には力がある
良きことも
悪しきことも
心に想うことは
形をなす

良き人の声を浴びよ
できるなら、心澄みし人々とともに生きよ
この生は今だけ…
今　学べることを学び尽くせ
出会いを楽しめ

※　※　※

断食し、瞑想すると地球の上にある超純粋意識という存在に気づく。いや、きっと触れられるだろう。その始まりは「空の青さ」と「小さな花の美しさ」、可憐さに目が留まる事から「意識あるエネルギー」に気づきだす。それが偶然の一致を超えた必然という出会いにつながる始まりだ。周りが美しく輝き出す事に驚くだろう。

この、超純粋世界は柔らかく、伸びもし縮みもし、言いようのない安らぎと喜びが含まれ、生きる上での「智恵と力の宝庫」が、ぎっしり詰まっている。だから今まで難しいと思われていた三蔵法師の言われる般若心経の一節

「不生不滅、不垢不浄、不増不減、…無眼耳鼻舌身意…乃至無老死、亦無老死尽、無苦集滅道」の深い意味するところがわかるようになる。

ただ在るのは、脳が識別しているだけの「実在といわれる世界」が理解されてくる。ただこの生を楽しめばいいのだ。善行をなし、喜びを分かち合い、共振し合えばいいのだ。そう、あのシンクロニシティの世界。喜びの共振の世界を味わうと心が震える。生きていて良かったと思う日がくるに違いない。今、あなたと同じ世界に生まれて良かった。同じ空気を吸い、同じ時代の波をかぶって良かった。

少し話を急ぎすぎたかもしれない。

第一回目の断食に話を戻そう。

昭和六十一年の四月から、第一回目の断食のため山にこもった。断食に良い場所はないか、

小国を精通していた杉野さんに相談すると、

「思い当たるいい場所があります。近くに湧水もありますよ。春は花が一杯でクヌギの大樹が点々と生えて、静かな放置された所です。そこに私が草泊まりを用意しましょう」

静かな草泊まりの小屋は、春で草が間に合わなかった。

杉野さんのお勧めのクヌギ林に行ってみると、大きなゆるい窪地で、周りは丸みをおびた丘で守られていた。私たちが選んだ一番大きなクヌギの大樹から東の方向七十メートルあたりに湧水が湧いている。筑後川の源水だ。冷たくて澄んだ水がこんこんと湧き出ていた。それを手ですくい、飲み水とした。五月に入る頃、少し湿地の草の低い所一面に、小さな黄色がびっしりと咲き、蝶々がたくさん集まった。

その窪地は、ほのかな甘い香りがした。

右後ろの丘をぐるりと回った所に、大きなアカマツが枝を張って生き生きとはえていた。一回目の断食で気力が萎えた時、しがみつきに行くと不思議と元気になって、その丘の下りは足が弾んだ。一回目の断食はしょっちゅうお腹が減って仕方なかった。

断食二十日目でも定時（十二時・夕方五時）になるとお腹がグーグーと鳴り、胃が「お腹が空いた」と騒ぎ始める。ずっと胃は騒ぎ続けていたが、そのうち脳まで一緒に騒ぐ。夕食をまったく摂らないという事に、何か違和感があった。

その頃になると、体の各臓器が独立して、それぞれが主張を始めるのがわかるようになった。脳は特に腸に負けていた。私の体の働きが順調な時、一番、主導権を握っていたのは腸だった。腸が静かで落ち着いていると、私の脳も安定し瞑想は楽しかった。

一回目の断食の時、三十日前後に二回ほど浣腸したのを覚えている。二リットル～三リットルの塩水を腸に入れたが、何も出てこなかった。入れた時と同じような、少しゴミが混ざったような透明な水が出てきただけだ。三十日目あたりは、腸の中にフンのかけらさえ何も入っていなかった。

やはり、腸が安定すると、気持ちが落ち着く。まず、腸の声を聞くのが、とても大切と思った。健康のためには、日頃、腸が落ち着く食事をするのが一番のようだ。

一回目の断食も、二回目の断食も何も食べず水だけだったので、食あたりの心配はなく下痢はしなかった。ただ、体も気も頭もボーっとしてはいたが、透明な水の中に棲んでいる感覚で心は澄んでいた。

あるがまま風景を受け入れる事ができていた私にとってありのままとは、いちいち言葉で解釈したり、毎日時間を識別する事ではなく、そのまま一日をまるごと受け入れる事だった。

時々私の生存を確認しに来た杉野さんは、その頃、私の瞳が澄んでいると何度も口にした。杉野さんはその頃から私に尊敬を示し、呼びかけが「北川さん」から「先生」に変わってきていた。

もちろん一切固形物を口にせず、出るのはおしっこだけで、汗もほとんどかかなかったから、体臭はしなかった。髪と身体は川の水で時々洗い清潔にしていた。

もっと乞食臭がするのかと思ったが、杉野さんは、

「何も臭わないですよ」と言ってくれた。

一回目の断食では、最後まで頭の中は一日中、シンキングで一杯だった。思考の風車がぐるぐる回っていた。

二回目の断食は前にも書いたが、ただ一日中澄んでいた。一番美しかったのが、眼だったのではないか。

二回目の時は、花や虫に、いや自然そのものにエネルギーの意志を感じ、エネルギーにはある「明確な意志」があるのを知った。それを日本語で言うのは難しい。

それは、この本の後半に私の表現できる言葉で書いてみようと思う。誰も信じないだろうなと思いつつ…。

内外出版社の編集者の関根さんが、面白い話をしてくれた。

生身で何も付けず、海を深く素潜りするフリーダイバーの話で、『グラン・ブルー』という映画にもなったジャック・マイヨールたちが深さを競う時の印象的な話がある。

真っ暗な蒼い海を一気に深く、深く素潜りすると、暗い、蒼い海の底にふと恐怖心が脳を横ぎる。途端に呼吸が乱れ、そこから先はもう潜れなくなるという。上級者は技術・体力よりも心の澄み具合、静かな哲学者の境地にならなければ酸素を無駄に消費する。「考える」とたちまち多量の酸素を消費する。

私たちは一般的に瞑想を始めると、左脳がたちまちおしゃべりし始める。左脳は「ねばならない」世界を一日中ぐるぐる回り、シンキングを続ける。

普通、一般の人がシンキングを止め、何も考えないというのは難しい。マイヨールたちは、その何も考えないという一番難しい心の澄み具合を達成すると、誰より深く潜れる。

その境地に至った者が勝者となれるが、勝とうとしてもいけない。そこには死と一体感の世界があるという。

私はその話を聞いて、断食二回目の三十日を過ぎた頃の私の心境と似ているものを感じた。

長く水断食をすると、脳がシンキングを止める。なぜなら血と栄養は、ただの体の維持のために使われ、必然以上の血は脳には行かなくなるからだ。

水の流れが止まると、どんな濁った水も水の底が見えてくるように、シンキングが止まると、恐怖と欲で濁って見えなかった世界が見えてくる。そして、この世の意味がわかってくるようになった。それを人間の共通の言葉で表現できないのがもどかしい。

多分、マイヨールたちと同じように、心が森《しん》と静まる。そして、周りの景色がすべて美しいと感じ始める。その時、眼に透明感が宿るのだろう。それを見た杉野さんは、私に尊敬の目を向け始めたのだろう。そしてそれが私をも励ましてくれた。

「人々の尊敬と感謝を受けることで、ますます純粋エネルギーを高める事ができる」からだ。

私とマイヨールたちの違いは、彼らは勝ち抜くと人間界から称賛と莫大な賞金というご褒美がもらえたが、長断食をした事も、あの境地に至った事を誰にも知られないままの私がもらったご褒美は、二十七年間のド貧乏だった。それがまた、私にさらなる境地をもたらしてくれる。

つまり、安らぎである。それと威張らない心。

「空いた席に座れ。そうしたらそれを楽しむという自由をあげよう」

という神の声だった。

断食中は、お金を得ることや、財産や地位が虚しく感じられた。有名になることが、最も嫌だった。その中に身を投じる時間があったら、神の意志を感じる世界に身を投じ、今世の自分の使命を明確にする方が良いと感じた。つまり、この肉体が叫ぶものよりも、魂の叫びの方を重んじたくなる。

しかし、それをあからさまに口にすると、世間と摩擦をおこし「宗教家」とみなされる事がわかっていた。私は、この生では宗教家になりたくなかった。神は私の意志にそって、まず「陶芸家という隠れ蓑」をくれたのだ。そこに神の深謀（深いはからい）を感じた。

断食中は、ただ膨大なデータが脳に送り込まれていた。

頭脳（シンキング）はストップしたままだ。いろんな解釈や言葉が生まれてくるのは復食して二〜三年経ち、脳の力が回復してから、それは始まる。それを沢庵《たくあん》和尚は

「大悟《だいご》は一度きり。あとは小悟《しょうご》が限りなくやってくる」

と言われているが、私にもその通りで、最初大きなデータがドーンと入って、復食の後にも脳が働き、あとは小刻みな小さな悟り（データ）や決心の言葉が私の人生を埋めていく。

幸いなるかな、今世の私の能力に霊的なものはまったくなかった。

神霊や霊的現象はまったく起きなかったし、見えなかった。私はひたすら、人の心を耕す能力と、言葉の能力、そして人生の生き方を問うことのみが今世に送り出された私の使命だった

ようだ。それもセミと同じで長い間、地中に幼虫《さなぎ》として生き、今、必要な時代にだけ成虫になり、夏の間ギャーギャー泣き叫ぶ。それが、今生の使命のようだ。

このように私は三十年間、土の中（田舎）にいた。それからはい出し、五十代になって鳴き出したセミみたいなものだ。世の中が緊張し、対立し、人々が欲の心の処理にとまどう「スピリチュアル」が必要な現代にぴったり合わせて押し出された。

あの、東急プラザの支配人の野々村さんが、まさしくベストタイミングで、初めての窯を開けている時に、庭に通じる坂を登ってきたのと同じ、タイミングも、能力も、神に準備されたセミなのだろう。

断食して光に接すると、私のような凡人でも少し見えてくる。だから、もし他に四十日断食をされた方がいるとしたら、また私と違うものが見えてくるだろう。それはあなたの場合、霊的なものかもしれない。前世が見える能力かもしれない。絵画か音楽か、マイヨールみたいに澄んだ心境か、私とまったく違った使命を見出すだろう。私の場合は生きる意味と、光という意識あるエネルギーに触れ、魂と魂の流れと、現実生活との折り合いについて、なぜ生まれて来たかがわかるように説明する人間として世に出された。

といって確かに、やたらと誰でも危険な長断食を勧められないが、少し長い、水だけの二十日間断食は、人生に大きな意味と健康に関する情報、どうしてもやまない悪癖の消滅と乗り越える心の力などが得られるかもしれない。少なくとも、三日や五日断食による弊害は今までどの人にも現れなかった。汚れを取り、心を澄ませたい。たくさんの方に、三日断食を勧めたい。私の元で断食された方に子どもができた例がたくさんある。「断食という能力は埋め合わせをしようとする力を産むようだ」。

何度も言いたいが、私には幻覚と思えるような現象と霊的な現象には会わなかったし、人々の前世はまったく見えなかった。人のオーラも強く意識すると見えてくる程度だ。

私が敏感になったのは、この宇宙の時間とその成り立ち、バランス、その宇宙エネルギーの意味と、私にとっての人生時間の関連と意味がはっきりしてきたことだ。

時間はその時の心の状態で伸び縮みし、苦しい時は長かった。楽しい時は短かった。また二十代までは、時間はたっぷりあったし、二十代の時は余りある時間を持て余した。時間が早く過ぎ始めたのは、瞑想を覚え、四十代で断食を終えてからで、神が私にだけ時間をごまかして時間を渡しているのではないかと疑うくらい、五十代の中間と六十代は、スッポリ時間が抜き取られている。時間はなぜ生じるのかと問うと、私の内なる聖者は、

「それは変化だ。変化を脳が時間という数値に置き換えたのだ」と私に告げる。

そうか、ゆっくり呼吸すれば時間は早く過ぎ、呼吸を早め心臓の鼓動を早くすれば時間は長くなる。断食中は、ゆっくりと呼吸する事にした。そのおかげで、当時は頭がいつも澄んでいた。

とにかく、人生上に起きるあらゆることの、その奥にある意味がわかるようになったのは事実だ。今生ですべて達成しなくてもどうせ、あと何回も生まれ変わるとわかるようになった時、焦る事はないと「神の次の知らせ」を待つようになった。

そのことについて、次の章で書いていきたい。

この人生を生きる上で、頭中心でなく、私は「心には力がある」とずっと人々に説いてきた。「心の力に目覚める」と、日常がどんどんうまくゆく。そうすると、人々に対する嫌悪感が消え、安らぎと幸せ感を得られる。そのことを伝えるお話会には、少し前のページにも書いたが、女性ばかりが集まった。それから十年間、参加者の中に男性の姿はほとんどなかった。

二十年目に入ると、やっと男性がボチボチ参加してきた。

やはり日本の男性には、経歴と事業歴が必要だった。ハッキリとしたヒエラルキーの足跡を求められる。断食後、私はずっと男性の理解と参加を望んでいた。女性は感性で集まってくれる。女性はこの人「本物」という直感知で参加してくる。講演者の話がうさん臭ければ、たちまち集まらなくなる。

その頃、面白い体験をした。ある時、日田市という所で、老人を中心とした勉強会でインド旅行をした時の「仏陀の話」を頼まれた。十五人ほど集まっていた。そこで私は、私に響いたお釈迦様の言葉と、次の世のために善行という切符が大切と説いていた。お年寄りにとても感激されたのを覚えている。

「北川先生の話は心に染みた。生きている意味と、これからなすべき事がよくわかった。実は一週間前に聞いた東大の先生の話は、よくわからなかったのです。お釈迦様が何年前にうまれ、断食後、チチガユを飲まれて解脱した。それからインド中を巡り、三千人の弟子を持ち、八十歳超えて亡くなられたという経過話が主でした。何かとても難しかったが、五百人を超す人々が集まったのです。

北川先生の話では、怒りの罪や、なすべき善行の必要性はよくわかった。私は次の世界に行く時、白い切符をもらえるように残りを優しく生きて行こうと決心できました」

私は講話をする時は、集まった人が十人であろうと、千人であろうと同じ話を全力で尽くすと決めていた。私は人々が生まれた意味を伝え、その方たちの人生に充実感をもたらすのが仕事。集まる人数は関係なかった。内なる尺度に生きる決心がついていたからだ。

陶器作りもそうだった。植物たちの生きたままの証《あかし》を灰にし、陶器に移し換え、植物たちの生きざまを永久に表現できる。人々が、その植物の生きた美しさに感動してくれればありがたかった。

そう、私は「神の意志の伝達人」に過ぎない。だから人々の評価は、あまり気にならなくなっていた。断食以後、誤解と偏見と貧乏の波に洗われてきたから、強くなっていた。

「神との約束をどれだけ果たせるか」

それだけが私にとっての重大な意味を持っている。だから人々の評価はいい。今に生きるからそれが要らないとは言わないが、経歴を重んじる人に私の活動は通じるはずもない事は、断食中からわかっていた。

しかし、大手町の渡辺さんと吉松さんを始め、熊本の佐渡さん、北海道の今野さん、新潟の佐藤さん、鎌倉の鎌田さん、福島の相澤さん、山形の土屋さんと理解者が次々と増え、東北にまで野火はじわじわと、ゆっくり広がっていった。

面白いことに、それに伴う奇跡みたいな事も、次々とうまれていった。とはいえ順調な事ばかりでなく、私が欲をかくとそれは必ずトラブルとなって私に返ってきた。

人生の前半に
投げた矢は
人生の後半に
投げ返される

…を何度も味わった。それでも懲りずにまた欲をかく事がたびたびあった。

この私の人生に消せる消しゴムがあるならば、私には一キロの消しゴムが必要だろう。

人に見られる前に消したい恥がたくさんある。

しかし、神は全部知っている。隠せない。

なぜなら私が心に想うすべてが、そのまま神への直通電話となっているのだから筒抜けだ。

神は私が隠したいことも何もかも知っている。心という密告者は、心に想う事も、なした事も、罪も、喜びも全部報告するのだから始末に困ってしまう。まったくごまかせない。

心の秘密は人にバレなくても、神にはバレバレだ。

私たちの心の中に、何もかも報告する心という密告者がいるのだから…隠しても無駄…天は

阿蘇の秋の高い空

クスクス笑っている。聞こえるかい、神のクスクス笑いが…。

十章

心にある力の発見

光エネルギーの不思議な能力

断食中に教えられた一番大事なことは、前にも言った通り「心には力がある」ということだ。心に重く響く声で伝えられた。また聖なる者は、「私とつながりたければ肉をやめよ、肉食でその能力が損なわれる」と再度、啓示があった。

もし、超純粋意識とずっとつながりたいなら、野菜食・ベジタリアンである方が通じ易いと、三十二歳の時に短い断食で教えられたが、今回はさらに「旨いという感覚」を追求しないようにという啓示があり、私は守った。なぜなら、天と通じていたいし、約束だから…、人間は許してくれるが、神はヤクザに似て約束（教え）を破ると、すぐに指をつめろと迫ってくるからだ。野菜中心の食事は純粋性とつながりを保つためには必要な条件だ。

断食によって私は、二方向の変革に出会った。一つは、私の外の世界（外なる尺度）、人間界における人生観の変化と、生活の向上は予想をはるかに超えた。

もう一つが、内なる世界（内なる尺度）、心の変革と、内から外を見る時の宇宙観の変化である。ここからは、この内なる変化とそれにつながる宇宙のエネルギーの説明をしたい。多分誰も信じないだろうが、百年か二百年後には私と同じような能力を持った人が実証するに違いない。

私が見た世界というのは、あの家政婦のテレビドラマに近く「私の垣間見た宇宙のヒミツ」

と言える。ほんのチョイ見であるが、深遠な事実の世界。その中心は調和と秩序。

その世界はうまく言葉にできないが、意志あるエネルギーの固まりであり、しかし、固まってなく海であり、流動性があって気体であって、時間を持たない much の世界…。

言葉が多くなって申し訳ないが、律の固まり、堅固なる法則、原理原則、それからはみ出すと、人間が苦しみという感情を生むもの。脳が理解できる範囲内しか表現できないが、生きがいをもたらそうとするもの、「善意というエネルギー波」。

神というエネルギー体のほんの一部。謙虚にならざるを得ないが、「秩序をはみ出さない生き方に幸がある」と言える。

だけど、脳はそれを嫌がる。「もっと個性的に」「もっと面白く」「もっと変化とスピードある世界の刺激に酔いたい」「ワタシだけにたくさん」「ワタシだけ…もっと、もっと」というのは、人間の脳の要求だ。

膨大なデータ（資料）をもらったが、私の脳が解説できる部分から話してみたい。

これは私の脳の外からきた考えである。理屈屋の男性陣に捧げる。

なぜ人間に、欲が生じたかというと、もちろん肉体を持ったからだが、言葉を得てしまった。

それが人間の苦悩の始まりであった。この一人の人間の肉体は、短時間で朽ちてしまう。

だから私たち人間は、短い時間の中で自己完結をしなければならない。重力に負けてあっという間に老ける。足腰が萎えてしまうと、おしまいだ。だから、早く慌ただしく自己の望みを達成させ、実現完成させなければならない。そのため、脳の欲求がさらに深くなる。その欲の深さと、個人の欲の達成のために私たち人間はずっと争い、奪い合いを生じてきた。

一人ひとりの生の時間が短いため、次に新しく生まれた人は、先人の誤りも、なした反省もとり入れず、先人と同じ誤りを何度も繰り返して、凝りない。なぜなら自分は前者と違う新しい時代に住んでいるから大丈夫という世界に安住してしまうからだ。

宇宙はゆったりとした時間の軸の中で、「秩序と調和」を保とうとしている。もちろん慌てるという言葉は宇宙にはない。慌てる必要もない。宇宙尺度に対して、私たち人間一人が生きる時間尺度は差が大きく、そのためかつての人間は宇宙時間に比べて「進化」が遅かった。それに追いつこうと先祖の人間は、他の生物は望まない「優れた脳」を持つことを選んでしまった。

優れた脳で、宇宙の理解を加速し、宇宙の意志を早く理解しようとした。さらに早めるために脳は「言葉」を考え出してしまった。言葉は脳の理解と進歩を助け、それがまた脳の機能を発達させていった。

この人間という生物が、脳を持ったことがいいのか悪いのか…何とも言えないが、この休業のため、人間語は宇宙にはない「苦しみ」という感情を作り上げてしまったと、私の断食の神は教える。

それは「苦悩」とも言える。人間の脳が言葉を持つ前までは、植物やほかの生物のようにただ「生きることを楽しんでいた」のだが、人間の脳は言葉を進化させ、宇宙の智恵（環境）よりも「自分がエライ」と思ってしまった。

そして脳は、自分にとって不都合な体験を拒み、言葉が編み出す知識でその人生を、自分の都合よく生きようと今、環境までも変えようとしている。つまり言葉を発明した事で、人間はシンキングし、進化選別するようになった。

それからはずっと脳はシンキングし促進するため、学校を創り、科学を進め、次々と新しい言葉を創り出していると、私の断食の神は教える。

時代が進み平和になると、さらに自分にとって利益ある事のみにまい進する。

その中で脳が大好きな、脳の好物「快楽」を見つけた力のある者は、人のために生きる事を捨て、脳の「快楽を求めて」脳の奴隷になっていく。脳の要求と自分の心からの要求と見分けがつかなくなった時、脳にある「知性ある抑制細胞」が死滅していくのだ。そうして、自分にとって利益にならないことを捨ててしまうという、脳の欲に負けた人々がだんだん増えてくる。そこでは昔にはなかった「新しい欲の争い」が、たくさん生じてくる。銃の乱射事件も、その一つだ。とにかく、言葉を持った脳がシンキングを進めて、どれだけ宇宙の智恵を捨ててきたか、わかりやすい言葉で思いつくまま少し上げてみよと、私の断食の神は教える。

それは私のことでもあるが「ごまかす」「嘘をつく」「言い訳をする」「なんでも自分の都合のいい解釈をする」「損することに遭遇すると逃げようとする」「怠ける事が大好き」頭脳の優れた者ほど「計算高い」。「表面だけをうまくつくろう」など、すべてを自分の都合のいいように解釈する人は、脳に負けている人と言えよう。もちろん脳の働きは、こういうマイナスな部分ばかりではない。

もう一方の脳が好きな快楽の一面、好意という部分を基本にした生き方に軸足を移すことによって、先ほどあげたマイナスの性質が好転し、人生が楽しくなってくる。一つずつあげてみよう。

「ごまかさない」「嘘はつかず正直に生きる」「言い訳をする前に努力をして、準備を怠らない」「自分の都合よりも、好きな人、相手の都合を優先する」「好きだから損してでも、その人、その会社のために貢献する」「何があっても逃げない、真正面から取りかかる」「決して自分からは裏切らない」「損しても信用を選ぶ」…だんだん不思議な展開になってきた。

人を嫌うこと、計算高い脳の世界から人間的感情という心の世界に脳の働きを切り換えると、人生が面白くなってくる。あなたは、自己利益中心に生きる人や、計算高い脳機能を持った人に好感を持てるだろうか。それとも自己犠牲を払ってでも、あなたとの約束を守る脳の人を選びますか…。

※
※
※

私は今、「食べないことで健康になり、心が整ってきた」と確信できる日が、断食によって得られることをみんなに伝えたい。

疲れて心が乱れてくると「心を整えよ」と断食中に、しきりに声がした。呼気を長くして呼吸をゆっくりすると、落ち着いてくる。『まず自らを整えよ』、それから次に一歩踏み出せ。

「心を整える」って何だろう…、「やたらに怒らない」「人を傷つけない」「欲を制する」などいろんな訓戒があるが、私にとっては、都合のいい脳の欲にはだまされないという事だった。

脳の要求、例えば食べ物で言えば「旨いもの」「美味しいもの」には脳が喜ぶことが多いが、「腸」は嫌う。脂っこい物は、脳が大好きな食べ物だ。一度子どもに教えると、子どもたちはきっと

「焼き肉屋にまた行きたい」

連れて行くと「焼肉って最高！」と叫ぶだろう。

一度これを取り入れた脳は、この情報を手放さない。しかし腸は嫌う。便が柔らかくなり、においが臭い。グチャグチャとし、腸はあまった脂肪をお腹や背中に回し始める。

腸の声を聞くことが健康につながる。

脳はプライドが高く、なかなか過ちを認めず、謝らない。胃と腸や肝臓は「痛み」で抵抗するが、それでも快におぼれた生活習慣を脳が改めないと、ガンや不治の病を多発し自滅しようとする。まず腸に、そして胃に謝らねばならない。不安定な心、怒りの多発、不摂生な毎日、快と脂物ばかりを追う習慣を腸に謝らねばならない。

「美しい便」を作るものを私は食べる。長断食でわかることの一つに、各臓器は連携しているが、それぞれは独立した意志と働きを持っているという事実だ。

腸の安定と呼吸によって心が整うと、心の揺れ、迷いがなくなって不安を生じなくなる。

脳の快の要求と思われるものに従わない決心・心の力・別な手段をつける事が、私たちに「体の安らぎ」をもたらす。

断食し瞑想し、野菜中心に、華美よりも少し質素に腸を安定させ、次に心を安定させる物を選んでいこう。

その安定を人間に求める時、最初のすべき選択は「良き友」だ。

この人と同じ空気を吸っていくことに喜びを感じるような、良き友をたくさん持つといいのです。

※　※　※

私は、断食中に光の正体を見た。光は「明確な意志」を持っていた。太陽光は分けると七つに分かれる。（実際はもっと微細に分かれるだろう）その七色の光は、七つの違った意志と効果ある力を持つ。

あなたが光の一つ「ピンクの部屋」に入ると、どんな気分になるだろうか。あなたが美しい若葉色のキラキラ輝く樹林の下に座すると、どんな気分になるだろう。それぞれ青や黄や紫の、光の輪の中に身を置いてみると、それぞれの色の持つ明確な意志と、光の持つ一色ごとのエネルギー効力の違いが読み取れるだろう。

面白いことに、七色の光が混ざり合うと白光となるのだ。

七色が合わさった白光は、さらにその力が増し、数段上の透明な意志を持つ意識エネルギー体となる。この光の持つ善意エネルギーがこの地球を照らし続け、生命を育ててきた。神は死んでいない。命は善意の光で育てられた。

やっと私は最近、その意志が言葉でない宇宙意識の符丁として理解できるようになった。それは色とデザインと波長である。瞑想をして、植物とオーラを交換していると理解できる。

花や木や植物は脳を持たない。だから彼らは人間のように利己的でなく、武器を持たず争いも少ない。あらゆる植物たちは、この宇宙エネルギーの持つ善意の意識をただ淡々と取り入れ利用している。宇宙エネルギーの中味は、人間の言葉で言えば、意識、意志、善意、個性、デザイン、数字、色、感情、生きるエネルギーなどというものを含んだ白光という形で送られてきている。

あらゆる花はその色とデザインと意志を取り入れて生命エネルギーに変えているから、その

南小国の工房の里に咲く花々

色とりどりのカラーとデザインは、どんな小さな花も独創的だ。人間は到底かなわない。

どんな種類の植物も脳がないからこそ、花のデザインの奇抜さ、色どりや配色の見事さ、葉の形などを、直接、宇宙意識に含まれる億兆以上のデザインとカラーを好きなように取り入れ、個性を出し、それぞれの族、それぞれの種を発展・発達させている。

その見事さには驚かされる。そして、植物なりの生存競争も活発だ。まるで脳があるかのように。

例えば、マングローブは種に付いている羽の大きさと、中心の種の重さを変えて三段階に分けているという。上流で沈む種、中流で沈む種、下流海の近くで沈む種…、こうしてその川を中流から海まで支配していく。

例えば、「セイタカアワダチソウ」と「ススキ」の「阿蘇高原の戦い」を知っておられるだろうか。戦後すぐ、門司港から入ってきた「セイタカアワダチソウ」は外来種という事もあって、あっという間に北部九州から阿蘇、そして鹿児島まで種を飛ばし繁殖した。阿蘇は「セイタカアワダチソウ」の黄色い花でいっぱいになり、ススキはどんどん後退していったのだ。「セイタカアワダチソウ」は根を伸ばし、毒を出し相手の草の根をやっつけて枯らしてしまうらしい。ところがこのところ、阿蘇の「セイタカアワダチソウ」は消滅してしまった。なぜか？ ススキの戦略に負けてしまったようだ。その逆襲方法は何と、人間の力を利用している。阿蘇は数百年前から、農家が遥かな広さの草原を牧草化するために野焼きをし続けてきた。木を生えさせず、草原化してきた。その時ススキはある力を利用した。それは人間に焼かれても、種は火に耐えるように強化した。(ヨモギも同じ力を持っている)。

他の植物が種を失っても、ススキの種は春に芽を出して再び阿蘇の野を、あの風に揺れる見事な銀色の穂が波打つススキの高原を復活させている。種を焼かれて死滅していった「セイタカアワダチソウ」は、阿蘇ではもう滅多に見られなくなった。

同じように私たちが、春に風に向かって種を吹いて飛ばすタンポポも、重い種、軽い種を作り分けて遠くへ飛ぶもの、近くに落ちて根を付けるものと知恵をつけ、それぞれ繁殖を広げている。

まだまだある。断食中にテントの横にあった、あの背の低い黄色い花も一ヵ所に固まり合って同じ時期に一斉に咲く。そして仲間同士、花粉を交換し種を少しずつ進化発展させている。一斉に咲く時期を教える連絡係は、いったい誰だろうと思うくらい、春という鐘が鳴って一斉に合同結婚が始まる。

木も同じだ。上に伸びるもの、横に伸びるもの、栗や桃や梅もよく見るとそれぞれ香りとデザインがあり、実を食べさせる動物たちを選別して戦略を練っている。植物は知恵があって面白い。美しい、そして楽しい。小さな白い花も、いろんな柄の服を着て

「今日はこの色はどう？」

と言っているように聞こえるのは、私ばかりではないだろう。脳がないのにどうしてこんな事ができるのか？　どう思う？

ある時、瞑想中に私の頭のデータが、パンパンと音がして言葉となって飛び出してきた。それは次のような内容だ。前にも書いたが、人間は脳を選んで、さらに新しい言葉を作った。そして、それからシンキングを始めた。そうしながら宇宙の意志を人間の都合に合わせ作り変え

ていく。都合の良い解釈をして、その宇宙の意識の利用しやすい一部だけを取り入れたから、花たちが持ち合わせる「超純粋意識の平和感」から外れてしまった。人間は、あらゆるものを人間向きにすべて作り変えて、人間様用にしてしまった。

花や木などのいろんな植物は、移動することを止め、一か所にじっとして宇宙からの意志、言葉をそのまま表現し、そのまま受けとめ、自分の役割を果たそうとする。人間で言えば、産まれて数カ月の赤ん坊のように「純粋なまま」で地球に滞在しようとするから美しいのか。だから汚れなき花たちと言えるのだろうか。

何度も言うが、人間は脳と言葉で損得を計算し、わがままな生き方を選んでしまった。だから悲しみ、喜びという言葉が先を走り始めたのだ。そして不安定を取り除き、安定させるために、便利、合理という世界をつくってきた。東京の丸の内のビルのように、人間以外の生物を排除し、空気さえも空調機で整え管理してしまう。

このように文明が進めば進むほど、宇宙の意志から離れた。人間が求めた豊かさには、神がもたらす忙しさが含まれ、豊かさ＝忙しさになって、昔はなかった「ストレス」といったようなたくさんの言葉と苦悩が作られた。そして次に深い悩みと混迷の森の中に入り込んでしまったのだ。

すべての植物たちは、まだ宇宙意識を持って生きている。だから植物界は、宇宙に逆らわない幸せと喜びのつまった「智恵と癒やしの宝庫」なのだ。

私が山に入り脳の働きを止めたから、植物のオーラを感じ、植物の持つ宇宙意識がわかるようになったのだろう。それは言葉にすると、「秩序と調和」、それに「共存共楽」だ。共栄でなく共楽だ。ああ、人間の言葉は難しい。

そこに私たちが利用できる大切な法則が見えてくる。宇宙意識を利用して、もう一段上の世界を見てみよう。

それが「心にある力」だ。それに気づくと次の世界「豊かさ意識」ミリオネアゾーンへ行くことができる。少し表現が飛躍するが、もうお金に困る事はない世界、つまり尽きる事のない「湧水に足を浸ける」ことになる。さて、その「湧水の世界」へ少しずつ進んでみようではないか。

宇宙意識の大きな仕組みで、私たちが最初に押さえておかねばならないのは、人間世界の出来事は「期待に反応する」という力だ。宇宙意識という言葉は長ったらしいから、「神」という言葉に置き換えて続けていこう。

私は断食をして、神の法則を教えてもらった。それは過去の聖なる栄光に恵まれた人々が、みな人々のために使って人生に役立ててきたものだ。

多くの覚醒者が教えてきたものだが、その言葉を「まるっきり信じる」という一枚の薄い膜を取り除くのが、それはそれは至難の技だ。そうそう簡単には真理を渡してくれはしない。その作業はあなたに任せて、私は神から教えてもらったものを説く。

「期待に反応する」、つまり神は、「私は人間が大好きだからお前の望むものをあげよう」と言ってくれている。それは、私たちがいつも良きことを期待して準備して生きているか、それとも心配が好きで、心配ばかりして生きているか、どちらでもいいのだ。

「あなたのことが心配で、心配で、注意して、気をつけて生きておくれ」という口ぐせの人は、その心配事と、その心配事でおきる事件、トラブル、苦情が大好きなのだ。

そう「万が一」が大好きだから毎日の八十%は顔をしかめ、心配事をじっとみつめ…、私からみれば「心配という望み」、それがやってくる事を期待して生きていることになる。

神は言うだろう。

「あーあなたは、そんなにその心配事や気をもむ事が大好きなのか。じゃあそれがやってくるよう、そのチャンスをあなたにあげよう」

とトラブルのチャンスをくれる。

あなたは、

「私はそんな苦しい事件や心配事のトラブルは好きじゃないから、心配するのだ」

と言うだろう。神は内容は判断しない。あなたの期待度に応じてくれているだけだ。

その一方、別の良き期待をするというエネルギーゾーンがある。

いつも楽しそうにウキウキと人に喜びを与え、人に勇気と生きる力を捧げる人、得たお金もドンドン回し、周りの人の笑顔を見るのが大好きな人に神はこう言うだろう。

「おぅ、あなたは人の笑顔や喜びが大好きなのか。じゃあ、それがたくさんやってくる機会（チャンス）をあげよう。もっと喜びを人に分かち与えられるように」

と光の玉を投げてよこすだろう。

あなたが欲するものは、何であれすべて準備されているのだ。

※　※　※

腸を喜ばす生活に入ると、「センテナリアン」と呼ばれる世界が待っている。いつもニコニコ、福寿の世界に入る。「至高の幸」に至る。

これがミリオネアゾーンだ。

ケチにならない。偉ぶらない。地位が高くてもいつでも「空いた席に座る」そして「自由に生きる」。

「この短いトランジットのなかにある生を楽しむ」。

「手が差し伸べられる限り、人々に手を差し伸べ、分かち合う」。

「苦を九とせず八にする。つまり、ハッハッハッと笑い飛ばす」。

澄んだ心の人は長寿への道、神の用意した世界（センテナリアン）が待っている。

豊かさ意識は大切だ。脳の心配性に負けないで。

神の善意のデザインを受けてみよう。

嘆きは嘆きを引きつける。心配は心配事を引きつける。

「欲でなした事は挫折する」ように神は仕組んでいる。

私たちは、神のサッカー場に入れられたようなものだ。そうそうゴールに点が入らないようにルールが作られている。努力と直感、向上心と情熱、良き期待と素直な心…そうすると尽きることのない湧水の水道水が引かれるだろう。

貧困ゾーン、そこから逃れる方法は一つ。

「不平不満、愚痴、文句、怒り、言い訳」の五弊害を一年かけて乗り越えることだ。

神の座につながりたいならば、断食をし、「沈黙の中」に座することだ。内なる声は静かで、小さき声を通して、語りかけてくる。

沈黙…、平静、静ひつ――、断食中は「沈黙の向こうにある神の声」に耳を傾ける。

「思案にある問題」が生じたときは、すべてこの沈黙に持ち込むといい。

私はそれを「神の座に預ける」……「神の膝元に手紙を置いて……すべてをまかせ……沈黙の中で答えを待つ」。

「聖なるものの中で、最も聖なるもの」に光を捧げ、問題を預ける。そうすると、最も必要な果実をいただく……、つまり『結果オーライの世界』。私たちは「光のドア」となる――。私たちは神々しくなるからだ。

腹を決める。そうしたら何かがやってくる。

神は約束は必ず守る。いい加減なのは人間の方だ。

一気ではなく、少しずつ順調になる。

そして柔和になれる。脳の心配を振り切ることだ。たくさんの富裕な先輩が、皆そうして人生を乗り越えてきた。

十一章

スピリチュアルに生きる

一回目の断食では、はっきりしたものは受けとらなかったが、二回目の断食ではっきりと、魂があり転生を教えられたことが大きかった。

かつて若い時は迷ってばかりいる合理主義者で、物理現象以外は信じなかった。つまり「実証できないものは全部ウソ」と割り切って怪しげなものには入り込もうとしなかった。

本ばかり読んでいた。ところが知識は脳の中で騒ぐだけで脳の外からくる出来事にうろたえていた。不安だらけだった。早くに弟を失い、父と母を失って私の心は揺らぎ始めた。母を失い、初めて人の情がわかり始めた。亡くなった母がいつも傍らにいるのを感じたからだ。それからは見向きもしなかった仏壇に手を合わせるようになった。

人に手を合わせることをしなかった時代、その間はトラブルと嘆き、それから先の見えない不安と、迷いの霧の中でイライラしていた。

霧が晴れたのは、母の病に十年間つき合った事が大きい。私は、私に訪れるいい職の呼びかけとチャンスを全部捨て、母の看病に費やした。膀胱《ぼうこう》が潰れた母の人工尿管を毎日洗ってあげなければならなかった。サボるとすぐに詰まるのだ。血の臭いと、おしっこの臭いは母の臭いになった。

誰にとっても「母は菩薩《ぼさつ》」であり「我が母に勝る母はなし」であろう。私も同じだった。

母の死に遇って、生きる方向がくるりと変わったような気がする。

その時に、いろんな職のチャンスを投げ捨てて、代わりに母に尽くしたご褒美を、後にたくさんいただくこととなった。その最大のご褒美が、私にとって二回の四十五日断食と、二十七年間のド貧乏と、その後の悟りだった。

以来ずっと、見栄を追う心は生じず、静かな人生の後半を過ごすこととなった。ずっと「ボーっと生きた」感じがする。この「ボー」が私にとって宝の時間である事が後にわかってきた。ボーの間に神からのメッセージが、どんどん送り込まれてきたからだ。それは「神のお手伝い」をする能力と身体的準備が整えられた大切な人生時間だったようだ。サナギから成虫になる必要な静かな時間だったようだ。

そうは言っても実生活は厳しく、冬は寒く、夏は暑かった。欲をかいて友を失い、息子を失い、消し去りたい汚点もたくさんつけてしまった。

そんな中で「祈る事」「感謝」を覚えていった。そのおかげで、たくさんのこの世の法則を神から学んだ。

向こうから言葉がやってくる、インドの「ラマヌジャンの世界（宇宙の超意識に接する体験）」の一部を体験した。今、やっと私はこれまで私が罪をなした人、気づかないうちに傷つけた人の幸と、良き人生を祈り始め、祈ることができるようになった。

七十歳で、やっとまともな人間になった気がする。それは、私の元を訪れる人みなに少しの善意で接せられるようになったからだ。

七十歳を超えて（私にとって予想より長い人生だが）、振り返ると人々に与えることよりも、もらう方が多かった。たくさんの方に良くしていただいた。それを当たり前と思って受けとっていた時代が長かった。本当に恥ずかしい。そういう訳で、人生の後半で少しスピリチュアルに生きる事ができるようになった。

私の中で宗教的に生きる事と、スピリチュアルに生きる事とは大きな違いがある。お経を唱え、神に自分の幸せを祈る事はしたくない。

心を澄ませて、自分の罪を洗い、人の幸せと目覚めを求め、周りの友や、縁のある人の良き未来と次の転生のために祈る。

今、病ある人のために、痛みと恐怖が取れるように祈る。この人間として在る短いトランジットの中で感謝と祈りで生きるのが私にとってスピリチュアルな事だ。もちろん、瞑想と断食とヨーガなどは欠かせない。また肉食はせず、野菜中心のヤギさん食事に生きる。野菜食は天と通じ易くなるための道具の一つだ。

「善意が通じる世界を広げていく事」が望み。これはずっと、一生貫く。

断食後に不可思議と、いろいろな能力をいっぱいいただいた。

三十年前まずは陶芸から始めよと、神は言われた。あとの道筋は神におまかせした。

次に今の、満月の夜の経営者セミナーに行きついた道筋をたどる。

※　※　※

「満月の夜に集う勉強会」。

満月の夜に集ってもらって、経営者だけの勉強会を開いてみた。月に一回、もう六年も続いている。

「この濁った損得に生きる社会に清水を注ぎたい」と経営者の目覚めを起こすセミナーを始めた。これがとても良い反響があった。私的利益ばかりを追うこの経済社会に疑問を持ち、迷いの心を解決するチャンスを待っていた経営者がたくさんいた。

受講生は一回目、二回目と重なるうちに、どんどん顔が変わっていった。どんな風に？　…

何か皆、生きる意味を悟り、「人として立つこと」に共感してくれた。対人、対社会、対社員に対する接し方や見方が百八十度変わって、お金の意味するところを理解されるようになった。すると経営者として将来の見通しがつき、焦りがなくなり、とても、穏やかで迷いのない顔と態度になっていく。

それは見事な変わり方をされる。その一人の埼玉の金井さんは言われる。

「前は社員に信が大事と口にし、会社のため、社会のためと言っていましたが、本当はただの口善人で、自分のために人を働かせていました。共に働いていなかったのです。

常に社員に対する不平不満、売り上げの不満、気にくわないお客への苦情、そんなストレスを抱えていましたから、肥えること肥えること。あっという間に八十キロ、九十キロになって脂物が美味しく、イライラとセットメニューの中で葛藤していました。今は何が大切かわかり、すっかり心が安定しています。不思議なくらい私自身の心が落ち着いてきましたから、社内も穏やかになり当然売り上げも安定し、将来が見えてくるようになりました」

私たちのセミナーは、売上のハウツーよりも、まず人間として生まれた意味に気づいてもらう事から始める。つまり宗教的要素を除いたスピリチュアルな部分で、心の痛みを持った人への思いやりと感謝の大切さを知ってもらうだけで、ガラリと皆、経営者が変わる。次は怒りを取ることだ。

この人生の最大の乗り越えるべき目標、それは「怒り」と「不安」である。

この二つがなぜ生じ、私たちはどこへ行こうとするのかを検討し合う。

経営者セミナーの内容を書き始めると、途端にペンが止まる。何か宣伝臭がしてくると書けなくなる。とにかく見通しのきく丘に立ったように社運が上がり、経営者が落ち着きと安定を得るのがありがたい。経営者は社会に「幸」をもたらすことができるから、社会的重みも大きい。

経営にスピリチュアルな部分を取り入れ、やましくない経営ができるようになった時、その会社はガラリと変わっていく。戦わない経営、味方だらけの世界に生きる事ができるようになるのが、このセミナーの目指す所でもある。

十二章

神にいただいた自然灰釉《かいゆう》とは

私が神からいただいた自然灰釉の陶器作りを誰かに伝授しようとしたが、誰も手を挙げなかった。私は自分が神からもらった仕事だから、深くその理由を考えた事はなかった。でも、まあ作業量が普通の陶芸の十倍はあるから、それを全部やり遂げるのは大変である。

しかし、この自然灰釉の取り組みは画期的なものだ。陶器作りの場合、古来ずっとその形の美しさに重点が置かれ、追求され評価されてきた。私のように釉薬の面白さに取りつかれて開発してきた者は少ない。時々思いもかけず、失敗で珍しい釉は発見された。

戦後二十年くらいの間、釉はいろいろ科学的に作られてきたが、はっきり「自然界の四季を写しとる」や植物の生きざまの灰の面白さである「花の釉」や「野菜の釉」を開発し目指した人はいなかった。

つまり「陶器の草木染め」を釉の開発の原点においた人は歴史上現れていない。

私も、私が思いついたわけでなく、断食中にはっきりと神からもらったアイデアなので、取り立てて自慢したり「すごい釉を発見」などと声高に言えない。ただ「ナス」から作った釉や「トマト」や「梨」や「りんご」から作った釉はその黄色味がとても美しく、面白く、また「桜」や「梅」そして「メロン」や「スイカ」の釉などは、透き通る白色の肌の美しさで、とても人工ではここまでの発色はしないだろうと思われる。

釉の作り方の本（合成釉）を見てみると、合成で出せない色はないと謳《うた》っている。もうすべての釉と色は出尽くしたと書かれていたが、きっと私の釉作りを見ていないのだろうとニコッとした。自然は奥が深い。まだまだ釉も世界は深い。あの藍から作った「藍黒の茶碗」を見せてあげたい。でも、もう全部売ってしまって残っていない…。

七十歳を過ぎて、私はそろそろ陶器作りから引退しようと思っている。

神が「とりあえず」陶器作りをしろと言っていたからだ。私が職名を下さいと頼んだところ、いきなり窯を運んでくれて、私に未来を見せて、とりあえず陶器作りをしなさい。そこで生計を立てながら人々の心を耕しなさいと言われた。贅沢な話だが、陶器作りをしながらもずっと人々の心を耕し人々に平和な心をもって貰いたいと思ってきた。

当時としては瞑想や新興宗教家や道を歩む人は、とても受け入れてもらえる時代・環境ではなかった。陶芸家という「隠れ蓑」をいただきながら、その心境の深さや感謝、神秘、祈りを説く方が人々の心に通じやすかった。それがよくわかっていた。私がそろそろ陶芸から軸足を「人々に善意を説く道」に移し、誰かに私の陶器作りの秘訣を伝授しようとした。

ところが、いざ息子たちにやってもらおうとすると、自然灰釉の陶芸がこんなにたくさんの作業があり、他人に頼らず全部一人でやらないと、利益は出ないとは思ってみなかった。まして薪を使って陶器を焼くならば生計は成り立たない。

とにかく生活を徹底して絞って、「陶器作りの面白さ」に夢中にならないと、到底私のような陶芸一筋で食ってゆくなんてできない事がわかってきた。ずっと一生貧乏を選ぶ事ができるかが、この道の条件となる。

野の花やリンゴも自然灰作りは三年はかかる。今年を逃すと、次の四～五年後にしか完成しない。

今、福島のリンゴ農家の木村玲子さんから摘果した青いリンゴ三百五十キロを預かって、青リンゴを材料とした「青リンゴ釉」を作ろうとしている。このリンゴ釉を例にとって、その時間のかかり具合をみてみよう。

送られてきた三百五十キロの青リンゴを広いハウスに広げて延々二年以上完全に青リンゴが乾燥して、干しブドウ状態になるまで待たねばならない。

それを、ドラム缶を改造した煙突型の窯を作って、少しずつ燃やし灰にする。十日間はかかるだろう。その灰をポリバケツに入れて水を足し、毎日のようにかき混ぜて一年～二年するとヌメリが抜けて素の灰になる。それを天日に干して…と延々と作業は続く。

ただ面白いと感じれば幸いだが、これを全部一人で受け継ぐのは、まあ「やらされている」

福島の木村さんから
いただいた青リンゴ
を乾燥させる

意識が少しでもあれば継ぐことはできないだろう。

私は自分でやっていながら、自然灰釉を作り、そしてかける陶器作りが、こんなにも複雑で、こんなにも生計の足しにならないとはわかっていなかった。

私の場合、東急プラザの展示会も三越も、神の作意が働いていなければたどり着かなかっただろう。この未完成の自然灰釉を完成するには、私以上の情熱と自然灰釉に取りつかれる少し狂った部分、そして神のさらなる援助を受け取るカリスマ性の人でなければ続けるのは難しいとつくづく感じている。

しかし、この誰も思いつかなかったキュウリ釉、ナス釉、菜の花釉などの色の深く、釉の流れの面白さは、後を継ぐ価値があると思われる。なぜなら私は三十年、釉の開発だけに終わってしまった。後の人は、器の形の美しさに合わせて釉を面白く掛け合わせることができると、世界に通じる日本独特の「和の器」ができるだろう。
私がそろそろ、この重労働の器作りから身を引く言い訳タイムでした。

十三章

旧い家を出るにあたって起きた不思議

ネコとネズミが天井からつるんでテーブルに落ちてきた時から、家に関して急に何かが廻り出した。と言っても、新しい家は、ド貧乏の最中にあった私の持ち予算では到底建つはずなかった。しかし、大きな旅館から飾り用のツボや、食器の注文が突然、相次いだりし始めた。まだ家を建てる何の準備もないのに、埼玉の岡田さんという方から突然、

「先生のボロ家に私はショックを受けました。十数年も前に古い庄屋の民家を買って保存している解体木材が一式あります。旅館かレストランを造る予定でしたが未だ到らず、倉庫に置いたままです。置いていても腐るばかりですので使ってください。先生に似合います」と送られてきた。

　なんと、十トントラック二台分もあった。私の胴回りくらいの太さのある二百年以上経った柱が十本以上もあった。長さも十二メートル以上あって、何本もトラックからはみ出していた。どうやってトラックに載せたのかと思わせるほど長い。きっと積むのが大変だったのだろう。その古材が埼玉から阿蘇まで二日以上かかって輸送されてきた。同じようにそれからが大変だった。

　それをどこに降ろすか、どうやって、やっと借りた田の脇の倉庫に入れるか？　が大問題だったのだ。

大手建設会社の山田さんと大神さんに相談したところ、

「先生わかりました。私の会社が新築を請け負わせていただけるなら、九州中の仲間に声をかけ古材をトラックから私たちが下ろしましょう」

私も、もちろん異論はない。

満願寺の家が、もう住めないと私の心が悲鳴を上げた途端に、いつも先走る神がぐるぐる腕を回し始めた。

いつもそうだ。私の心が困って悲鳴を上げると、私はまだ先で良い、と思っていても、私の見えない周りから神の手配がどんどん先走り、私が慌てて追いついてゆく。今度もその例か、材木や資金や建築会社がいきなり引き寄せられてくるようだった。二百年以上前の庄屋の柱は、圧倒的な量があった。

「こんなに…いったいどうしよう」、一瞬困惑した。

その材木が埼玉から届いたのが、予定日の予定時刻より遅れに遅れて、なんと二月の雪の日、夕方五時、やっと小国に到着することになった。もう日が暮れ始めていた。おまけに夕方から大雪になった。

山田さんが手配してくれた大工さん、工務店の人、作業員十数人は、どんどん降る真っ白な雪の中で、足を踏みならし、手をこすり合わせながら早くから待っていた。

山田さんに言われて鹿児島から駆け付けた有名な大工の棟梁も、弟子を何人か引き連れて待機してくれていた。トラックの到着を待つ間も、雪がドンドン降り積もり、まるで「八甲田山、死の行軍状態」。みんな凍え始めた。

私は申し訳なくて、どうしてよいかわからず、腹を決めてじっと立っていた。まさか当日、雪との情報ではあったが「こんなに降るとは…」もうジタバタしても仕方ない…、トラックの到着を待つだけであった。

小国の冬は早く暮れる。すぐ真っ暗になった。雪は眉毛、まつ毛、鼻のあたりまで積もる。トラックの到着がこんなに遅くなるとは予想していなかったので、「暖をとる用意」は何もしていなかった。火も湯もお茶もなし。長い待ち時間の間、雪は真っ暗な中どんどん積もってゆく。立っている私の膝下まで積もってくる。

待つ時間がとてつもなく長く感じる。母のガンの手術を見守る時のように、ジリジリとした時が過ぎていく。遅い。寒い。冷たい。もう限界……。

「もうダメ、解散しよう。みんなの車も埋もってしまう」

と決意した時、遠く、雪の積もる山陰の農道の斜め向こうに、ライトがチラッと走り、降り積もる雪を貫いて四条の光が伸びてきた。雪の音の中から、ゴンゴンというトラックの音が響いてくる。いつも「光」は限界ギリギリにやってくる。

「ウォー、やっと来たぞ！　こりゃあ、こん雪の中、トラックの運ちゃんも、よう遭難しなかったもんだ」

みんながドッと叫び声をあげた。待機するこちらの車のライトの灯りも、降る雪で打ち消される中、大木の荷下ろしが始まった。

この光景は、どこか大正か昭和の古い雪国の工事のシーンで見たことがあるような、懐かしさと切なさで、レトロな味がした。男たちはみんな九州の人間で、ほとんど雪の経験のない人たちなのに、この雪のせいで同じような異様な高揚の中にあった。

今、すべての悪条件はそろった。

ドンドン降る足にまとわりつく綿雪、真っ暗で、そのうえ夜の足場の悪い山地、照らし合うが、降る雪に消されてゆくライトの光、そして山のような大木の荷、寒い中、待ちに待った荷。なぜか男たちは燃えていた。

お互いほとんど名も知らぬ、顔合わせも初めての、駆り出されてきた無給の仕事…。なのに一人オロオロするだけの、何の準備もしていない素人の貧相な荷受人のために…。申し訳なさ、切なさ、ありがたさ、邪魔扱いされながらも私もトラックのロープを拾った。雪でカチカチ、手もかじかんで動かなかった。

男たちはトラックの横に降ろされた雪のかぶった大木十本を、二人一組で肩にロープをかけ、真っ暗闇の中、一本の大木を四組八人で担ぎ、小さな小屋に運び込む。雪は降り止まない。どんどん積もるばかり。山のように積み上げられた材木の山。

それでも誰も文句を言わなかった。一斉に同じ方向に動いていく。

雪の経験のない鹿児島の棟梁が音頭をとって、

「それぇ、行くぞ！　足をすべらすな！　エイホ！　エイホ！」…何か燃えている。

私は雪に足を滑らしながらオロオロついて行き、またついて戻るを繰り返していた。もう長靴は冷たくカチカチだった。

どの車のライトにも雪がへばりつき、光が遮断され始めた。私は木切れを探して八台の車のライトにへばりついた雪をそぎ落として回った。

「なにくそ、これくらい。申し訳ない、申し訳ない」とつぶやきながら男たちの手伝いをした…つもり…。いつの間にか大量の材木が雪の中、小屋に消えていった。

もうよく思い出せない。終わったのは夜中二時を過ぎていただろう。雪の中の作業が終わって、大木の山にやっとブルーシートをかけて振り向いたら、もう全員消えていた。誰もいなかった。シーンと音のする元の漆黒の闇の雪景色に、ただ私一人たたずんでいた。夢のようなシーンだった。

あの日以来、九州の小国であんなに雪の降った日は一日もない。あの大雪の日を狙って埼玉のトラックはやってきた。

神は家を建ててくれるが、やっぱりヤクザだった。そう簡単に家を建ててくれなかった。さんざんおとし前をつけられた。でもそのおかげで、金もない地位もない、働かない、土地もない、社会的信用もない男に、ちゃぶ台でも卵が転がらない、ちゃんと立派な家を下さった。感謝しています。

その山田さんが、未だに言う。

「もうびっくりしましたわ。センセの家は玄関がない。新しい家の方も設計図に入ってない。今まで玄関のない家は初めてでしたわ」

「旧いご自宅にお訪ねしたら、床はゆがんでいる、家はきしむ、ご自宅にお風呂がない。その上あちこちにバケツが置いてあって、雨水が溜まっている。もうびっくりしましたわ。なんやこれは…、こんな家によう住めるな、この平成の時代にほんまに住んでるんやろか、どんな人やろ、みんなで、こりゃ何とかせなあかんと思いましたわ」

旧いあばら家も新築の家も玄関がなく、庭からいきなり座敷になっている。すぐ畳につながる憩いの空間だった。こんなボロ家だったが、遠くから時間をかけて北九州の大島さんや、佐賀の人たちがちょうど昼下がりに来ると、私がネギのたっぷり入ったうどんを食べていたりする。

「美味しそうですね先生、ネギがいっぱい入って」

と言うから、仕方なく、

「一緒に食べていかないか」と無理に声をかけると、

「いただきます!」だって…。

夕食時もたくさんの人が訪ねてくるようになっていたから、私の分を差し出し、私が食べる分がない日や、おかずのなくなる日があったが、そんな日は裏に走る。いろんなキノコがあって、キノコ汁ができたからだ。

お腹をこわした人は一人もいなかったから大丈夫。足りなくてもあまり不足には思わなかっ

畑と田んぼに囲まれた里山の中にある工房

た。笑顔、笑顔で過ごした。

あの旧い家は前にも書いたが、隙間だらけで、中も外もいつも同じ温度。冬はマイナス十五度だった。斜めに下がる十数本のツララは、全部音が違って面白かった。ツララができるのが楽しみだった。ツララと晴れた朝の青空は、爽やかでよく似合った。

工房の簡易風呂も、新築の自宅の風呂も、ともに五右衛門風呂である。

特に工房の五右衛門風呂には、夏は蛍が飛んでくるし、秋には風呂水に満月が映る。揺れないよう、お月様が逃げないように、そっと五右衛門風呂に浸るのがまた…美しい。

新しい家はつまらない。すべて二重サッシで風が入ってこない。外の音が入らない。季節の匂いがしない。近代的でがっしりとして揺れないし、柱もとっても立派である。設計もお洒落で、トイレは「ヒューストン」から遠く離れてしまうシャワートイレである。素晴らしいがつまらない。つい旧宅に似た作りのボロ工房に避難する。

古い造りの工房は風が入る。外の風の音がする。ホタルがやってくる。満月が美しい。ホッとする。雨の日はトタン屋根で、雨の音がする。雨の匂いも漂ってくる。冬に暖炉を入れると呼びもしないのに、隙間からカメムシがどっと遊びにやってくるのが困るが、家に季節がある。楽しかった。

十四章

変わった人がやってきた

一、嵐を呼ぶ男

その初老の男性が小国のあばら家に来る時は、いつも強い風を巻いて、そのうえ少しの雨を伴って訪ねて来た。

しばらく訪問の間があいて、

「今日みたいな強風で竹林が揺れるあやしい日は、黒田さんが来そうだな」と思っていると、やっぱりやって来る。いつも通りお尻に風を巻いて入ってくる。本当に庭の落葉が黒田さんの通った後から、ヒューと舞うのだ。おかしな人だった。

黒田さんは、中国やラオスやベトナムで怪しい事をたくさんやってきた人だ。その風貌は、昔で言う満州浪人（わかるかな、この表現）風で野心を抱いて大陸を渡り歩き、危なっかしい政治家とつき合ってきたと言う。私の前に座っているだけで迫力があった。

ある時、地元の大学の医学部を一番で出たという、これまた野心の固まりでお金が大好きな風貌の医者を伴って来た。

大山さんと名乗った。私の断食の話を聞いて、

「私も五日ほどあなたの元で断食をやってみたい。力をつけて黒田さんを助けてあげたい。黒田さんは全身の血が固まる病気で血がネバっている。医者の私が見ても、これでよくまぁ、動けているのが不思議な状態なのです」

黒田さんもうなずいている。

「私はなぜか血が濃く、いつ倒れるかわからない。大山さんをお願いしたい」

それから金・土・日にかけて医者の大山さんが私の近くで断食を始めた。

二日目の朝、挨拶に来て、口の中に何か入れている様子がチラッと見えた。

「大山さん、何を食べているのですか」

「何も食べていませんが、塩を舐めているんです」

「あっ、塩？　やめてください。体がふくれますよ」

「いや、医学的に言って塩分を取らないと、震え始めて体がダメになりますから…」

と理屈で抵抗する。

「私は四十日以上塩分も取らず、水だけで大丈夫でした。私の後に続いて七日断食や十一日間やられた方も塩分を取っていません。体がふくれる前に、大丈夫ですから塩はやめましょう」

諫《いさ》めても塩を舐めていたらしい。三日目の朝、顔がパンパンに腫れて「アンパンマン」になってしまった。

その日から山を下りて、大山さんはもう二度と現れなくなった。

それでも黒田さんは、私のどこに魅かれるのか、それからも相変わらず風を巻いて現れた。

そしてずっと、今までしてきた身の内話をされていた。

ある時、急にやっとという感じで、

「実は北川さんにあるお願いがある。北川さんが本物かどうかをずっと観察していたんだ」

その日は、紅色の風呂敷に何かを包んで持ってきていた。

「やっと合格ですか」

私は笑いながら答えた。私は知っていた。黒田さんが、私を訪れた始めの時から何か「さぐり」を入れているのを感じていた。

「そうです。これをあげたい。受け取ってほしい」

重そうな包みをほどくと、少しブルーの先のとがった人の頭ほどの岩石が出てきた。

「何かの石の固まりですか。まるで埋もれていたのを掘り出したよう」

「これは中国の奥の山に埋められていたヒスイの固まりです。私がやっと見つけ掘り出してきたものです。歴史的価値は二十億の価値はあります」

そう言うと、大事そうに、またすぐに包み始めた。

その謂《いわ》れを淡々と語り出した。

「これは深山の高い山に逆三角形に埋められて、世に出ないようにされていた。それが掘り出され中国の皇帝、満州の権力者、美女たち、そして現在の香港の大金持ち…らに持ち主が転々と変わってきた」

まるで冒険物語を聞かされているようで面白かったが、よくある不思議物語のオチのように、「これにかかわった人間が、ある程度の望みや成功を達すると、血が固まる病気になって、皆狂い死にしてきたのです。私はそんな話を信じなかったので、この石を手にした時から色んな事をやり、大成功を収めてきた。

ところがやっぱり、あの医者が言うように私の血も固まり始めた。北川さんをずっと見てきたが、あなたなら欲がないし澄んでいる。この石の持つ強い厄災を受けないだろう。どうかこれを受け取って、この石を清めてほしい」

私は二十億と言われても、まったくピンとこなかった。毎日千円で汲々《きゅうきゅう》としていたから「二十万の価値」と言われたら、きっと飛びついていただろう。黒田さんの話は私に大きすぎた。

「私は成功には興味ないし、宝石類はまったく持ちたくありません」

「でもこれを清められると、あなたは大きな力を持って、たくさんの人を救える人になるでしょう」

「いや黒田さんには、私の心の奥にまだ眠っている小さなヒトラーが見えていない。それを受け取ると、私の欲のヒトラーが目覚めるかもしれない。

それに、私は今生、やっと四十五日間も断食して、二千五百年かかって、やっと心と体を洗濯できた。今さらクリーニングの効かない、そんな泥水に浸りたくないのです。もうこれ以上汚れたくない」

黒田さんはしょんぼりとして、

「じゃあこれを、どうしたら良いか教えてください」

と言うから、

「南小国にパワースポットの押戸の岩大丘がある。古代人が文字を刻んだ岩もある。あそこに二人で埋めましょう」

「いや、北川先生、そんな浅い所では私のような鼻が利く人間がすぐに見つけ出し、また世に持ち出してしまう」

「そうでしたね。では日本海の深海五千メートル以上、八千メートルの所に祈りを込めて捨ててきてください。黒田さんの財力でしたら、そんな沖まで行くのは大したことではないでしょう。そしたら、あなたの血の固まる病はたちまち治るでしょう」

黒田さんは何か、捨てるのが惜しげな顔をした。

「わかりました。そうしましょう」。しばらく考えていた黒田さんは、

「それが一番。それが一番です。いやあ、ありがとうございました」

何度もつぶやきながら立ち上がった。

私は家の下に停めている車まで見送った。大きな黒塗りの車だった。サングラスをした若い女性が運転席に座っている。私の目線に気づいて、

「今、私を世話してくれている中国人の女性です。もう彼女しか残っていません」

黒田さんは助手席に座り、窓を開けて頭を下げられた。まだ小雨が残っていた。

それから黒田さんも、医者の大山さんも二度と現れなかった。

「あれ？　そう言えば、毎週何度も訪ねてきていたが、お菓子も、お布施もせずに去っていったな」

今、あれから二十年ぶりに、がっしりした体格の黒田さんと、少し太っていた医者の大山先生の事を思い出した。当時私は、黒田さんには好感を抱いていた。何か奥に人の好さや誠実さがみられたからだ。

※
※
※

そうだ、お布施といえばそれから二〜三年後、お布施を持って来た集団があった。思い出した。

春だった。天気の良い若葉の候だった。

ひと目で土建業とわかる首の太い人たちが十人ほど、「ごめん、こちらが北川先生のお家ですか」と上がり込んできた。

私の所には、十人分のお茶の葉も湯呑みもなかった。

小さなテーブルをはさんで、私の前に二人の男性が陣取った。残りの人たちはその後ろに固まった。

例によって私は叫んだ。

「あ〜、一か所に固まらないでください。平均に万遍なく広く、バランスよく散って座ってください。あっ、一斉に立つと家が揺れますから…あっ、そっとそっと…散って座ってください」

体格の良い男の人たちは慌てて、腰を低くして素直に移動していく。みな黒っぽい背広を着ていた。その姿が可愛らしかった。

みんな体格がいい？　私はそれに気づいて、やっと彼らが来た意味を悟った。

「私たちは有名な先生について、今日は勉強しにやって来ました。これが授業料です」

と薄い封筒をテーブルに置いた。

親分らしい人の横にまた大柄な強面の男性が付き添っている。

私はお茶を二つ出した。

「先生は今、この川筋の上にある高原のゴルフ場建設に反対の指導をされている。なぜこの南小国が経済的に潤い発展するゴルフ場建設を反対されるのか、その理由をお尋ねしたい」と薄い封筒を私の方に押し出した。

「私の家の前の川は、わずかの雨量でいつも高原の土砂を含んだ激流になります。その雨水は南小国ゴルフ場は表土を削り、弱い芝で固め、そのうえ薬をいっぱい散布する。そのの湧水に混ざり、南小国町の水道水取り入れ口の真上まできています。そんな薬害の水をどうして飲めましょう。あなたたちがすべての治療費と生活費の面倒を見てくれる覚悟がおありならそれを書面にして持ってきてください」

私はチラリと薄い封筒を見た。隣の副官がすかさず、

「私は弁護士の和田です。あなたがここを断固反対するなら、私たちは、ここの代わりにあなたが大好きな東南アジアに行って、ゴルフ場を開設しますよ。あなたは社会派の人でしょう。自然を守りたいんでしょう。ここの代わりに東南アジアが荒れてもそれでいいんですか」

(そんな屁理屈が私に通るわけないだろう)

私は落ち着いていた。ゆったりとした呼吸をしていた。そしてその弁護士をじっと見つめた。その人は目を伏せた。

「私の近くに、あなたそっくりの農家の若者がいます。オートバイを乗り回して騒いでいます。その若者の父親が、農家の跡を継いでくれと頼んだら『クラウン買ってくれたら継いでやるよ』……って親をゆすっています。ジャリ石みたいな若者です」

男たちが封筒をつかんで、一斉に立って帰ったから、家が揺れた。その方が怖かった。惜しかったなぁ。あの黒田先生といい、この建設野郎といい、ケチだったなぁ。封筒も持って行っ

ちゃった。

二、ハワイのロイさん

その中でも、私の前世をはっきり覚えている人が登場した。

今から十四〜十五年前、二〇〇二年か二〇〇三年頃だった。

その頃、私はまだ表に出る気配はまったくなく、神がくれた最初の仕事、陶器作りをポツポツやって生計を立てていた。

それを見た神が、私に催促しに来たとしか思えない人がやってきた。

ハワイのロイさんも、きっとあのいつものせっかちな神に使わされて、私に前世を教えに来たのだろう。その頃私は、小国の田舎暮らしに満足していた。だからまったくの無名だった。

冬の少し寒い日だった。私と福田さんという陶器作りを習いに来ていた若い女性と、満願寺の自宅の庭で陶器を乾かしたり、ペーパーで磨いたりしていた時だった。

突然、ゼイゼイ荒い息を吐きながら私と同じ年齢くらいの外国人男性が庭に走り込んできた。そして「ここだ」「あなただ！」と言わんばかりの手ぶり身ぶりで親しげに私に話しかけてくる。

早口の英語でまくし立てるから、さっぱりわからない。すると、その後ろから少し遅れて四～五人の男女が、やっと追いついたという風に駆け上がってきた。みんな息をハーハー吐いている。かなり遠くから走ってきた様子の中年の男女だった。

皆を工房の展示場に案内し、そこで、英語を通訳してもらいながらロイさんの話を聞いてみると、次のような次第だった。

まずロイさんは、ハワイや日本で有名な、人の前世を的確に見る方で、世界中のたくさんの方がロイさんの元に訪れる。今回、福岡の新さん夫婦が中心になって、ハワイから福岡に来ていただき、二日間で三十人以上の方の前世を見てあげたという。今日は三日目で休みをとって南小国の黒川温泉に行く事になった。

途中ロイさんがしきりに満願寺温泉方向に行きたがり、満願寺のお寺さんの駐車場に二台の車を駐車されたところ、突然ロイさんが飛び出し、川沿いを上流に向かって走り始めた。

みんなが慌てて「ロイさん、ロイさん」と声をかけて止めようとしたが、ロイさんは見えなくなってしまった。そして私の家をのぞいてみるとロイさんが半泣きで何か訴えていたので、何事があったのかと心配になってしまったという。

同行の通訳の方の話によるとロイさんは、

「私とあなたは昔…四、五百年前に、この満願寺で修行僧だった。私が四歳で、あなたは五歳だった。二人は兄弟のように仲が良かった。あなたは修行を修め、たくさんの弟子を持った。あなたはそこで、意に反して失敗された」

私は前世を見る能力はまったくない。ロイさんが必死で語られている内に、何か私の深い所のもやもやが煙りだし、私の中に湧き出してきた思いがあった。

ロイさんは、私を懐かしがった。

私の手を取り四百年ぶりに会ったという感慨の涙を浮かべていた。

「あなたは、こんな田舎で埋もれてはいけない」と何度も私に言った。

「私はあなたと違う能力を与えられた。人々の前世や、その罪や、今世なすべき事柄がわかる能力だ。あなたは違う能力を与えられて、今修行しているはずだ。目を見ればわかる。昔のあなたの目だ。もう立ち上がらなければいけません。あなたは人の心を救う力を与えられた。私たちは二人で一つなのです」

「ロイさん、私は確かに断食をして何かに触れてしまったが、まだ自分のなすべきことや能力はさっぱりわかりません」

「いや、あなたはもう準備ができている」と強く手を握る。

「確かに私の小冊子六巻を皆さんがたくさん買っていかれます。ですが、私は自分がもっと世に出るとか、能力があるとかまったく思っていません。そして自信もありません」

と言ったものの、その頃確かに「楽心会」という小さな瞑想会を毎月開き、三、四十人の人が集まる所で、心の話を説いていた。そして「心にある力」などの薄い小冊子が飛ぶように売れ不思議に思っていた。

だけれど、まだ陶器の制作に身を隠していた。

「北川さん、あなたは独りで説くのが好きでしょう。大きな組織が嫌いでしょう」

「ええ、私は大きな会を催したり、組織を作ろうとか、これっぽっちも思った事はありません」

「そう、あなたは私と同じ前世で、大きな組織の代表を務め失敗したのです」

「……」私はなぜかうなずいていた。

「あなたは組織作りが下手で、今も大きな宗教組織にも入りたくないはずです。

そして、お金や権力が嫌いなはずです。あなたは前世で、金銭とそれにまつわる取り巻きの権力争いと女性関係に乱されて、本来の使命である人の心を救うという夢が破れたのです。今も周りに取り巻きが来るのを恐れているはずです。あなたは、あの時の純心を失っていませんと励ましてくれた。

私は何となく思い出し、ロイさんの言葉が心に響いてきたのである。

不思議だった。

私が何となく漠然と抱いた考えを、ロイさんが全部秩序立ててまとめ、そのうえ理由づけて納得させてくれたのだ。でも、「そうか」と芯から思えなかった。

「なんだか…そうだったのか」とまだ逡巡していた。

ロイさんは私の変化を見て安心したのか、笑顔になった。

「北川さん、今世のあなたは、強く前世の失敗を悔いている。偉いです。あなたは大丈夫」

と強く手を握り返してくれる。

私は、「うん、うん…」とうなずくだけだった。

ロイさんの長い前世のいきさつを聞いていると、ロイさんが私の弟だったという、かすかな感覚がよみがえってきた。兄という強い感覚ではなかった。私はロイさんの言う通り、今世は名声をまったく求めていなかった。

お金に対してもそんなに執着はなかった。また、今主催している会を大きくする事にはとても慎重だった。一方で広く人々に聞いてもらいたいと矛盾していた。

それでいて、人々に集まってもらって仏陀の話や心の話、怒りなく生きる、やましくない生き方を説くのが性に合っていた。

「フロー」に入ると次々と、人の心を打つ言葉が口をついて出てくるからだった。たくさんの本を読むのが好きだった。多分知識をつける目的でなく、知らず知らずたくさんの言葉を頭に仕込んでいたのだろう。

しかし難しい漢文調や哲学的な言葉使いはしたくない。短い・易しい・わかりやすい言葉使いが好きだった。

そう、高校生や、本嫌いの女性や、勉強嫌いの大学生たちが理解できる程度の言葉使いを目指していた。

「ありがとうロイさん。私がなぜ大きな組織やお金を求める事が嫌いなのかよくわかりました。その上、地位や名誉に価値を見出さない自分がいる意味もよくわかりました。私は本当に一人で「辻説法」でいくつもりでした。

でも心に矛盾があって、広がらない事にもガッカリもしていたのです。これからは陶器と並行して心にある力や、善意や感謝が大切な事、そして動機が純粋である事が人々の輝きを増すという事を説き続けていきます」

「そうです。そうしてください、北川さん。あなたはこれから世に出るでしょう。私にはそれが見えます。間違いありません。しっかり純なる心を抱いて、人々を救ってください。それがあなたの使命です。どうかハワイに来てください。もっと詳しい前世をお教えします」

もう夕闇が迫っていた。

「ロイさん、宿に行く時間がありません。そろそろ帰りましょう」

スタッフが声をかけ、ロイさんは名残惜しそうに帰られた。

私は住所をいただいたが、当時も今も変わらずあまり余裕なく、ハワイに行けていない。

私は自分の前世にあまり関心はなく、何をしていたかよりも今世どう正しく、きちんと宿題を果たせるかに関心がある。

もう一つ前世に関心があるとしたら、お釈迦様の声を聞いていた当時、何を感じ何をし残したかを知りたい。それと私の心の隅から離れない、チベット時代と、その時の教えを受けた高僧で、この方の影響を強く受け今世の私に大きな方向づけをされている感じが抜けてない、その方の事を詳しく知りたい。

そのチベットの高僧とお釈迦様の風に乗った声の響きは、切なく心に迫る思いがある。といっても、その切なさは一瞬で、今世なすべき事をロイさんや、ロイさんの後ろで糸を操っている大いなる聖者たちから促された事に、とても感謝している。

なぜなら、氷の観音が現れたりして、その頃から急に人生の風が変わり始め、私の本が売れたり、いろんな新聞や雑誌に取り上げられ知名度が徐々に上がっていったからである。

本当に私一人の力ではどうしようもない運命の力が働き、信じられない偶然が次々に起こったからである。

そしてロイさんに促されて光の管へと入って行った。

いつも天からのメッセンジャーが「先廻り」をして、私の行く道を、先に先に準備されてゆかれる。

ロイさんに出会った事、ロイさんが旧あばら家の坂を息を切らせて上がってきた事実は、夢ではないことをその場にいた、今も一緒に働いている福田さんが証明してくれた。ロイさんが存命ならば、この本を持って会いに行きたいものだ。ロイさんに光あれ。

またどこかの生でともに修行をしましょう。

三、前世で出逢ったらしい女性

ロイさんに続いて現れたのは、飯塚に住む四十代に入ったばかりの中里さんという女性だった。中里さんは、私の月に一回熊本で開く「楽心会」という勉強会に友人から誘われて出席された背の高いスラリとした綺麗な女性だった。その日、紹介されて私と目が合ったとたん息を呑まれた。そしてドッと涙を流し始めた。

「どうかされました？　中里さん、大丈夫ですか」

「いえ、どうしたのかわかりませんが、急に涙があふれ先生をとても懐かしく思う感情が湧いたのです。ごめんなさい。会った途端に泣いたりして、もう大丈夫です」

当時、時々、会った途端に涙する女性たちに何人も出会っていた。その人たちは泣いた後はケロッとしてセミナーを聞いてくれたりしていたので、中里さんも同じ現象と思っていた。

それから三〜四日後、中里さんが義理のお母さんと言う方と一緒に、私に私の大好きな「ぜんざい」と「小豆のおこわ」を作ってわざわざ訪れてくれた。

「ありがとうございます。私は小豆が大好きで、小豆の入ったものなら何でもＯＫなのです。

困ったものです」

お礼を言いながら、小豆おこわを持ってきてくれた理由が私を驚かせた。

あの日、私と会って、今までになく懐かしい人と出会ったという感情に揺さぶられ、涙が出た後もその感情が抜け切れず、そのまま家に帰ってお風呂に入ったという。

その後もなぜかずっと左の胸が痛かったので、そこにシャワーを浴びさせたところ、いきなり血が噴き出して止まらなくなった。慌てて義母さんに大声で助けを求め、血のあふれる胸を見てもらったら皮膚が破れており血と一緒に何やら肉の固まりのような物があふれていた。

「大変…なんだろうね、これ。何があったの」

「いいえ、何もありません。本当に、ただ何か痛くて切なくてシャワーを浴びていたら、胸が破れて血が出たのです。だから慌てて義母さんに見てもらったのです」

すぐに血は止まったという。

「とにかく明日、一番に病院に行きましょう」

翌日、病院でレントゲンで見てもらったら、左胸の上にあった小さな乳ガンがきれいに流れて影がまったくなくなっていた。医者も、

「不思議ね。何があったの。とにかくガンが流れて傷口も大したこともなくてきれいになってい

る。なんにせよガンがなくなったのはおめでたい事です」

一緒に喜んでくれたという。

私と会って、その夜、その事件が起き、切なさは消えたと言われる。

それから三~四回楽心会に来られたが、ある時、

「もう次回から来ません」と決意ある言葉で宣言された。

「え？　私は何かあなたを傷つけるような事を言いましたか」

「いいえ、私はこの半年何度も同じ夢を見たのです。それは私が幼い娘で、誰か大人に手を引かれたまま、旅立つ先生を見送っている夢です。先生は斜めに荷を背負ってお弟子さんたちと一緒に出立されたのです」

「それが何か悪かったのですか」

「いいえ、先生は私が何度呼びかけても戻ってくれなかったのです。多分次の修行に行かれたのでしょう。チベットのような所です。私は切なくて切なくて…その想いがよみがえって、血が出たあとも…切なくて。また再び、あの幼い頃の悲しい想いをしたくありません。もう今世は再びお尋ねしません。お許しください」

と一方的に告げられ、再び来られる事はありませんでした。

明るい方だったので、私のせいで暗くなることは私の本意ではありませんでした。

その後、中里さんのガンがどうなったかはわかりませんが、今もとても元気で明るく暮らされているとの風の便りがある。どうも私はチベットにもいたようだ。その後、私とチベットで出逢ったと言う方が何人も現れる。ところが私はまったくそういう前世を覚えていないのだ。

何はともあれ人を助けられたのは本望です。

四、語学の天才　矢野さん

矢野さんと出会ったのは秋山さんが、

「すごい天才がいる。十五カ国が話せるんですよ。それにピアノも天才的なんです」

と言って連れてきてくれたのだ。

背はあまり高くないが、がっしりとした体格で、何より驚いたのは鼻が高く、中折れでユダヤ人の顔をしている事だった。

まだ三十代半ばだった。イスラエルから大分に移住して、日本式生活に慣れた外国人という雰囲気だった。どう見ても日本人には見えない。

「何カ国語、話せるの」

「うーん、だいたい十五カ国…、薩摩語と青森語を入れると十七カ国になるかな」

「薩摩語と青森語？　それは素晴らしいね。勉強はどんな風にやったの」

「小学校の時にラジオで流れる英語の歌が始まりで、ほとんど各国のラジオを聞いて話せるようになったんです」

「ほとんどラジオ？　今でも？」

「今はラジオじゃないけれど」

「ピアノは習ったの？」

「正式には習っていないんだけど、だいたい一回聞くと一曲最後まで弾けます」

だいたい耳がいいのだ。語学も音楽も元は一緒だ。

「たった一度聴いただけで…最後まで曲が弾ける…そうか、耳がいいんだ。耳に繋がる脳が発達しているんだね。お父さんかお母さんも外国の人っぽいの」

矢野さんは笑いながら、

「いつもそう聞かれるんですが、私の父と母は平凡な人で父は郵便局員です。母もパートをして私を大学に出してくれました。顔も平凡な日本人の顔です」

矢野さんの顔を見ると、矢野さんのどこかにユダヤ人が潜んでいる顔をしている。矢野さんが家族と一緒に写っている写真を引っぱり出してきて見せてくれた。

「本当だ。家族はどこにもいる典型的日本人で、鼻も丸いね」

矢野さんは当時、県知事の外国人接待や大きな会議の通訳をされたり、大分県の各市町から大切な外交の通訳を頼まれたりして生活していた。

ある時、大分県の大山町という所で外国要人を招いた、大きなパーティーに矢野さんとともに呼ばれた。そのパーティーは先進的でにぎやかだった。私は初めてワインを飲んだ気がする。白ワイン、特にドイツの貴腐ワインをいただいた時、甘くて豊潤でサッパリとして口の中にブドウの香りが満ちてびっくりした。しばらくは貴腐ワインの虜になった。

そこで矢野さんが、ピアノを披露した指使いが素晴らしかった。指先から音が出るようで、音痴の私は拍手をいっぱいして祝福してあげた。

会場は矢野さんのピアノに酔った。

なぜ矢野さんの事を書いたかというと、彼は語学とピアノ以外の能力がからっきしなかった。

生活能力がなかったのである。人ともよく衝突していた。だからすぐに職を失う。

矢野さんは最初出会った時から私を気に入り、私の言うことはよく聞いてくれたのである。他の人はまるきり信用しないと、とても極端だった。

よく朝が起きられないと嘆いているから、

「お肉と脂物を止めてごらん。きっと目覚めが良くなる。イライラも少なくなるよ」

「肉と天ぷら、大好きなんだけど」

私はパーティーで、ステーキとお刺身ばかり食べている矢野さんを見ていた。

「うん、玄米と野菜にするんだ。矢野さんの悩みの下痢と便秘もきっと治るよ。そのぷっくり膨らんだお腹もへこむだろうよ」

ある時、体調が良くなったと言って食事に招待してくれた。行ってみると驚いた。

「これだけ…」

テーブルには、秋山さんと私の分の大量の玄米ご飯と、キャベツや白菜だけが乗っていた。

「矢野さん、こりゃダメだよ。卵焼きとか味噌汁とか、お漬物やゴマ、昆布なんかも摂らなきゃ」

と少し諌めた。

次に呼ばれた時、やはりテーブルいっぱいの卵焼きと玄米…。

「うーん、もう少し、色どりが欲しいな。例えば小さいエビの天ぷらも美味しいよ」

とうっかりビールに合う食材を口にしてしまった。

その頃矢野さんは、奥さんをもらっていた。だからバランスがとれる物を食べていると思っていたのだ。

次に呼ばれたら、なんとまた卵焼きと、お皿山盛りのえび天だった。私は覚悟した。もっと細かくメニューを教えて、彼の健康意識を高めないとこの才能が壊れてしまう。

私がいろいろ、食に注文をつけると声がかからなくなり、つい疎遠になってしまった。

それから数年後、奥さんと別れたという噂を聞いた。

そのすぐ後に病気で亡くなったという知らせが遠回りをして私に届いた。

私一人の力では救えなかった。私の周りの数少ない天才を失った。実に惜しかった。

矢野さんは、四十歳になったばかりだった。

❊　❊　❊

ピアノと言えば、もう一人の変な人を思い出す。三十年ほど前に出会った人で天童さんと言った。私が小国に引っ越してきたばかりの頃だった。当時から私は作務衣を着て、福岡市などで時々心のセミナーをさせてもらっていた。その時に知り合った。

見るからに暴力団員という顔つき、姿かたち、短い足、太い首の男性だった。なぜか私を気に入って、

「そんなヤギみたいな物を食べて男が務まるか。男はバリっと背広を着こなし、きれいな女をいつも連れて高級ホテルに出入りし、男を立てんと。それでなんぼやないか、なぁ北川先生」

と言っては寿司屋や焼き肉屋に無理矢理連れて行く。私はキャベツ以外一切手を出さなかった。とにかく暴力団っぽい迫力のある顔をしている。

「北川君と二人で歩いていると面白い。作務衣のあんたと私は、親分と切れ者の組の副組長みたいや…」

と言う。私はビビッてついて行くだけなのだが、あんまり連れまわされたくない。

博多の街の超渋滞の交差点にさしかかった時のことだ。右も左も前も後ろもぴったり車が詰まって、誰も譲ろうとしない。

すると天童さんは、黒塗りで大型のピカピカの車の運転席から半身大きく出して、クラク

ションを、ブワーと大きく鳴らした。そして、睨みをきかしながらグルリとゆっくり顔を回し、

「オイコラッ！　そこ空けんかい」

渋滞中の車に向かって大声で怒鳴った。すると前を塞いでいた前後左右の車が、ソロソロと下がり出してポカっと交差点に穴が空き始めたのだ。

私はその車に乗っているのが恥ずかしくて、腰をずらして顔を隠したくなった。

なんと、たちまち、スルスルとその渋滞から抜け出してしまったのだ。見事だった。

「それでエエんや！　それで！」と天童さんは吠えながら通過した。


夏の暑い日だった。何でも福岡の海岸に、いい掘り出し物の物件があって私が住むのにいい家が売りに出されているから見に行こうと誘われた。断れなかった。

それで暑かったがトレードマークの作務衣を着て、その海岸に行ったのである。

待ち合わせの博多の場所に行ってみると、なんとこのクソ暑いのに…天童さんは上から下までビシッと白い背広を着ている。

しかもカッターシャツは黒でネクタイは白、また靴も真っ白のエナメルで、ピカピカ光らせながら博多の大通りに立っていた。

通行人は目を合わせないようにして、背の低い天童さんの前を、腰で挨拶しながら、コソコソ足早に通り過ぎている。私が来たら、オッと手を上げ、さっとサングラスをした。ヤクザ映画の菅原文太そのもの…いやもっとタチの悪いヤクザに見えるかも。

「おっ来たか、北川さん。じゃ行こう」

北川先生、北川君、北川さんと、呼び方が親しくなるにつれて変わってきていた。アブナイ…アブナイ…。

例の黒塗り高級車に乗せられて博多の海岸に行った。

私は、（あーよかった。海と聞いていたが、うっかりサングラスを忘れてきて…よかったぁ）とため息をついた。

私も顔が小さいからサングラスが似合うのだ。このヒゲ面と作務衣にサングラスだとピッタリ香港のヤクザ、「陳さん」になるところだった。「香港の陳さん」と「大物ヤクザ」の次なる舞台が待っていた。

それからだ。素敵なピアノにまつわる、ある事件が起きたのは…。

その海岸は思った通り、カンカン照りの夏の暑さの真っ最中にあった。砂が熱くて歩けない。

「あっ暑いなぁ。そこに洒落たレストランがある。あそこでアイスコーヒーを飲もう」

二人ともお酒があまり飲めない性質だった。作りが大きく左右に開く白い扉の素敵なレストランだった。さぞ中はクーラーが効いて涼しいだろう。私もホッとした。天童さんは、その大きな扉の前に立つといきなり「ガーン」とドアを足で蹴って押し開けた。それも白いエナメルの靴で、思い切りドアを蹴っていた。

二人が中に入ると、お昼時でたくさんの男女がランチタイムをしていた。客たちはその蹴る音に驚き、一斉にこちらを見た。サングラスをした上から下まで真っ白の背広のヤクザ風な男と、何やら怪しげなヒゲ面の作務衣の二人の姿にクギ付けになった。

薄暗い洒落た室内の中央に、やっぱりお洒落な、白い大きなグランドピアノが置いてあった。

「おー、ピアノがある。いいな」

と大声でピアノに近づくと、左側の厨房にいたマスターがバッタのように飛んでやってきた。ビクついている。

ピアノを壊されると思って守るように立ちふさがり、

「あのあの…あの、何でしょうか」

天童さんは、そのマスターを押しのけ太い声で、

「ちょっと貸してくれ」

ピアノの椅子に座って、ピアノの天板を開いた。それを見たマスターは私の傍らで震えていた。私も何をするのかと腰を引く思いで立っていた。

客たちは全員固唾をのんで、こちらを見ている。

店内のピーンと糸を張った緊張の時間が、やけに長く感じられた。

今にも逃げ出そうと、腰を浮かしている客もいる。

天童さんが大きく両手を振り上げた。

「あー、壊すつもりか…」と思った瞬間、

「バーン　ジャンジャンジャーン」とベートーベンの曲を弾き出したのだ。

三分間、ピアノの音が響き渡った。

「格好いい！」白い背広がサマになっている。白いピアノ、夏の光景にふさわしい。

私は、顔を天に上げて感激していた。

あの背の低い、ずん胴の天童さんが大きく見えた。マスターは口をポカンと開けている。天童さんは偉い。しつこく二曲も三曲も弾かなかった。最後の「ジャー……ン」で終わった。そのベートーベンの一曲だけ。見事な演奏だった。

この思いもよらぬ逆転劇に観客は総立ち。マスターも私も立ち上がって…あっ私は始めから立っていたんだ…万雷の拍手。

こんな格好いいヤクザが本当にいるのだ。まるで創られた映画のシーンそのものではないか。これは実話なんだろうか。

「ブラボー」「アンコール」という声が上がる。

天童さんはニコニコと素敵な笑顔を残して舞台から降りた。私たちは隅に行ってアイスコーヒーを飲んだ。むろんタダだった。

私はお店に入る時は天童さんの陰に隠れて入り、お店を出る時は、胸を張って堂々と出た。拍手がおきた真夏の、真昼の大観劇。天童さん…見ごたえありました。


ヤクザと言えば、同じ三十年ほどの前に小倉の街のヤクザに頼まれてお釈迦様の話をした。確か二回行ったように覚えている。指定の場所に行ってみると、クラブと言われているような建物だった。私はお金も持ってないし、お酒も飲めないからクラブには行った事がない。

奥の方に通されて壇上に上がった。前もってヤクザは、ケンカかガンで死ぬと聞いていた。

檀に立つと一番前に親分らしき人が座り、その後ろに組員らしき人が二十人ほど膝を揃えて集まった。

とにかく、お釈迦様の教えの罪なき生き方を説いた。そして怒りは病気やガンを招くので、怒らない事とタバコを吸わないで過ごすと、突然死はなく安らかに人生を終える事ができると説いた。終わると、

「いい話だった。先生、あんたの目は澄んどるな」と言われた。

当時、長断食の後だったので目が澄んでいたのだろう。

よく目がすわっているとか、見透かされているようだとよく言われていた。たとえ私は、その人のしてきた事や未来が見えても、決して口にしなかった。本人に見えない事は嘘になると思って口にしない。

それから食事になった。

「先生みたいに痩せていると、ガマが出んだろう。草ばっかり食べんと、これで精をつけなっせ」

真っ白の豚足が、山のように盛られた大皿が出された。

私はまったく喉を通らなかった。

それから街を案内すると言われ、体格のいい男三人をつけて小倉か門司かわからないが繁華街を案内してくれた。その一人の大きな男性が、しきりに警戒し後を振り返ったり、睨みをき

かしたり、そわそわ落ち着かない。

「何を警戒しているのですか」と聞くと、

「いつ、誰が襲ってくるかわからんじゃないですか…」と周りを見渡しながら歩いていた。

(私みたいに、金もなく欲も少なく服も質素だと誰も襲ってこないだろうになあ)と思いながら大男三人を家来に大手を振って一緒に歩いた。

「これを持っていたら、小倉の街も久留米の街も安心ですけん。先生、飲む時はこれをもって行きなさい」

大判の名刺をくれた。「…組　若頭〇〇」と大きく印刷してあった。

飲みに行く事はなかったから一度も使わなかったが、珍しい宝物をもらった気がして大事にどこかにしまった。どこに眠っているかなぁ。もう三十年も経ったから黄色く経年変色をしているだろうな。

あの方も私も、そんなもの必要としない爺さんになってしまった。

五、不思議な人たちではないが…

不思議な人たちではないが、決して忘れられない出来事がある。あの長断食をしていた昭和五十年代は雪が多く、よく積もりよく冷えた。

小国の雪景色はとても美しい。

雪の日は猛吹雪となり、そんな日は楽しみが一つあった。防寒を固めて「楽風」という少し中心から離れた所にある藁葺きの家に車を雪まみれにしながら行くのだ。

その玄関の外に椅子を打ち出し、ニット帽をかぶる。

楽風は小さな丘になった石垣の上にあって、谷全体が見渡せる。目の前の谷が、田畑で西から東へ大きく切り広げられ、流れるような広がりを見せる。一本の小さな川を挟んで小高い山と、段々畑が山に向かって登っている。その先に杉と広葉樹の森が次の山へと続いている。

そこに座って吹雪を見つめていると、風はいつも目の前を西から東へ、「楽風」では右から左へと波打ちながら流れ、それにうまく二月のふんわり雪が交じり合うと、風が姿を見せ始める。

白く染まる雪景色の「楽風」。段々畑と田園、小高い山々の続く里山にひっそりとある

特にいいのは吹雪の終わりかけ、風がゆったりと落ち着き始めた時に降る雪の衣を着た風の姿が一番美しい。

二月の終わりに降る雪は綿雪で、本当にはかなく、優しく湿っぽい。そして軽い。

吹雪の終わりかけは、一面どこまでも純白で車も通らない。そうなると小さな段の上も雪に埋もれて、まっ平になり、柔らかい曲線の一面の平野となってくる。

「あれ、ここはこんなに広い原野だったかな」と思われるくらい広い雪景色に変わる。

道横の樹木も葉が落ち、枝も雪衣に包まれて白い景色に溶け込んでしまう。だから広い、一面、白い原野となる。

風が姿を見せるのは、吹雪の終わりごろ。

空にチラリチラリと筋状に青空が見える時に降ってくる雪が、西風に乗り始めた時にはっきりと姿を見せる。

二月の風は楽しそう。柔らかい暖かそうな綿雪をまといながら波のように吹いている。風の姿は波状に何枚も何枚も着重ねしながら、そして舞い踊りながら現れる。

「君は、こんな楽しそうな私の姿を見たか」と言っているみたい。

ただ青空から雪が舞い落ちるだけでも美しいのに、衣装をまとって踊りながら舞台に立つ「風のお雪さん」…あなたは美しい。二月の風は雪をまとって楽しそう。私は言う。

「いつも姿を見せない風のお雪さん。今度もあなたを見つけたぞ」

❊　❊　❊

そうだそうだ、その頃に驚く事に出会ってしまった。

そんなグンと冷える日の朝、顔を洗って震えながら庭に出てみると、庭の石垣の上で何やらキラキラ光るものが目に入った。気になって、ドテラを着たまま近づくと、

「ウン？　何だろう？　何か人形が立っている」

手に取ろうとしたが、恐れ多くて手にできない美しさ。パッと手を引いた。

「え？　何と素晴らしい」

透明で見事な観音像だろう。一体誰が置いて行ったのか…。

私は不思議な気に打たれて、慌てて服を着替え白いシャツを着て襟を正して改めて面接に行った。

何かやたらに近づけない、手を出せない澄んだ気が漂っていたのだから、足も揃えたくなる。手も合わせたくなる。美しい流れるような衣装をまとった氷の観音だった。

大きさは三十五センチくらい、両手で円をつくると、ちょうど入るくらいの丸さ。重さ？　そんなもの軽々しく素手で持てるはずないではないか。だから重さはわからない。

髪も手も、なだらかな肩もある。そして衣は左右に流れて美しい。顔は鼻高で、赤ん坊を抱いた姿は光々しい。

正面から見ると、子どもを胸に抱いたマリア様？　どうして、いきなりこんな見事な観音様、いやマリア様が現れたのだろう…。

上を見上げると、雫をたらしている一本の大きな枝があった。あそこから落ちる雫で、一晩かかって現れたのだろうか。私はあまりの美しさに恐れ多くて立ち尽くしていた。

冬のある朝、突如現れた「氷の観音」

そうするうちに杉林の間から朝陽が現れ始めて、観音様の頭に光をもたらす。

私は、その輝く光に満ちた姿に「美しい…」となっていた。

「汗？」はっと気づいた。溶け始める。観音様の周りをウロウロしてたから、見つけて三十分は経ったかもしれない。

「あ…、もう溶ける」

私は慌ててカメラを取りに行った。焦ってピントを合わせるが、なぜかピントが合わない。前に後ろ横と、それに少し遠くからと三枚撮った。そこでガチンと音がしてフイルムが終わった。

私が慌てふためき、次のフイルムを探しているうちに、観音様は水跡だけを残してあっという間に去られてしまった。

観音様は二つの啓示を残してくれたと思った。

一つは、私がちゃんと使命を果たそうとしている事を祝福してくれているという証である。

一つ、もしお前が濁ると、もう二度と現れないだろう。いわゆる「励まし」と「警告」であると受け取った。

それから運が急展開していき、私は次のステージ、本を書くチャンスや講演会、三越で陶芸展を開けるというチャンスに巡り会えてゆく。いつも観音様のお姿は思い浮かぶ。そして写真に残されたお姿を大事にしている。

そうだ、氷の観音様が現れたのはこれが初めてではない。小国に来る前、信州で一度同じような凍てつく朝に出会った。その時も写真は不思議と一枚しか撮れなかった。

ただ、氷の観音様が現れた時、もうすぐ信州を出る事になるなと直感したが、その通りになった。そして信州から阿蘇に移り、断食をすることになった。いつもそうだった。先に証というか、前触れというか、予告と道が示される。そして後から現実が追いかけてゆく。

それから十年後、長男が土に埋もれていたという少し汚れた陶器のマリア像を拾ってきた。私は驚いた。なんとそれは氷の観音様と姿かたちがまったく同じなのだ。なんという奇跡に近

氷の観音様とまったく同じ姿かたちのマリア像

い、不思議を感じた。今、再び思う。一体誰が、あの氷の観音像を彫ったのだろう。どうしてこんなに似たものが自然にできるのであろう。

そして私は、私の使命を悟った。人として立つこと。そして周りすべての人に感謝と祈りを捧げ、この生で宿題を果たし、私の周りの人々が今生の大切な使命に気づくお手伝いをすること。つまり「神のお手伝い」をすること。それは「善意が通じる世界を広げてゆく」ことである。

長断食を終えて

私が輝き始めると、森に近い田舎道の電柱に、夜点灯する蛍光灯のように、カブト虫や面白い虫、いろいろんな虫が吸い寄せられてきた。個性的な人々が集まって、人生に色どりを添えてくれるようになった。

その頃、私の前世を教えてくれる子どもたちや大人たちが現れ、霊的能力に欠けている私に、私の前世を教えてくれるようになった。

前田とも子さんは母親に連れられて私の陶芸展示場にやって来た。賢そうな小学五年生の女の子だった。この世に出る前、産まれる前、お空の上にいた時…という話だった。十歳近くになっても、珍しく鮮明に産まれる前の事を憶えていた。

だいたい三歳を超える頃から前世の記憶は消されていくのだ。産まれる少し前、とも子さんはお空の向こうにいたという。

「とにかく広い所で、たくさんのたくさんの子どもたちが青い袋や黄色い袋を持って、入り口に並んで待っていた。私は青い帽子をかぶり、青い袋をかついで穴の前で待っていた。北川先生のような白いヒゲの白い服を着たおじいさんが、入り口で子どもを送り出していました。私は、私がアトピーになること、私の名前が前田とも子になる事をその時から知っていました」

「青い袋は、何が入っていたの」

「青い袋は、人に生まれて大きくなったらみんなに優しさをあげるための物が入っていました。空のお庭には、色とりどりのとても美しい花がいっぱい咲いていて、摘んでも摘んでも減ることはありませんでした。とても平和で安らかな所でした」

「おじいさんは送り出す時、何か言ったの」

「おじいさんは、私がいよいよ時を選んで穴に入る時に、人間になったら辛い事、悲しい事もいっぱいあるけど、たくさん学んで優しく生きるといいことがいっぱいやってくるから、元気で頑張りなさいと言われました」

「産まれる時、なぜお母さんを選んだの」

「ハイ、私はアトピーになって母を救いに出たのです。おじいさんの目は北川先生の目によく似ていました。私は名前にふさわしい生き方をしようと決めて名前を受け入れました。生きている途中で名前を変えると逃げる事になるので、その名前を貫くよう知らされたようです」

とも子さんは、私に前世の掟をいっぱい教えてくれた。

まだまだいる。岡山の海渡《かいと》君は二歳になったばかりだった。お母さんが私の写真が入った小冊子を読んでいると、

「このチェンチェイ知ってる」

「あなたが知るはずないでしょう。私も会ったことないのに。八郎先生と言うんだよ」

「八郎チェンチェイ知ってる」

黄色いお船に一緒に乗ってきたと言う。それからは、

「今、先生が草をむしっている」「今、先生が…をしている」

とよく口にするようになった。

遠い所にいる私が、何をしているか見えているようだと書かれた手紙が届いた。

ある時、私が満願寺のボロ家から満月を見ていた九月の事だった。あまりにも満月が美しく、山々の杉のギザギザの稜線が、月の光で浮かび、夜空が見事に丸い光りの線で切り取られていた。空気が清涼で気持ちよかった。

その静かな九月の夜を電話が「リーンリーン」と乱して鳴るが誰も出ない。仕方なく私は受

話器を取って謝った。

「ごめんなさい。あまりに月が美しいので観ていたら、電話に出るのが遅くなりました」

「えーっ、ほんと！　わぁー恐い！　待ってください」

と向こうで大騒ぎを始めた。説明を受けてみると海渡君が、

「今、チェンチェイがオチュキ（月）さまを見ているから、電話ちて」

「もう遅いからダメ。先生も寝ているよ」

「いや、今オチュキさま見てるから電話ちて」

と何度もせがむので、仕方なく電話したのだと言う。そうすると私が出て、私の方から満月を観ていたと言われ、鳥肌が立って、少し気味が悪くなった…という話だった。

海渡君はその前から私が草をむしっているとか、何か作っているとか言うらしかった。よく調べてみると、確かにその時、庭の草取りをしたり、陶器を作っていた時間と符合する。海渡君には、私が何をしているか見えるらしい。

それからわざわざ母子で、私の所に訪ねてきた。賢そうな三歳くらいの男の子だった。私を見て恥ずかしそうにしていた。

「私と一緒にお舟に乗っていたの、覚えてる？」

「うん、黄色いお舟」

「他に何かいた？」

「うん、ウォーウォーさんと、モウモウさんが一緒だった」

どうもライオンとゾウらしいという事だった。

黄色い舟と言うのは、黄金の光なのだろうか、とにかく一緒の光の舟に乗って地球に来たらしい。私はまったくその能力がないのでわからない。不思議な話を二歳の子どもから聞かされている自分がおかしかった。

海渡君とは、五十年くらいの時間差があった。多分、光の世界では一瞬なのだろうが地球時間では、そのくらいの差になるようだ。

この頃になると私の周りで、前世を憶えている小さな子が何人も私の所にやって来た。例えば木村さんという私のお話会の仲間で、その娘さんがマコちゃんという。

「お空にいる時、林の中で人々に話をしている先生を見て、このお話を聞こうとそこで参加していたお母さんのお腹に入った」

とマコちゃんも言う。

今はもう二十歳を超えて国立大の学生になっている。今は何も憶えていないと笑う。

私と話をする前世を憶えている子どもたちは、「お空にいる時」とか「お空を飛んでいる時」という言い方をする。数えると五人ではきかないくらいたくさんの子どもから前世を告げられた。

こうして、たくさんの子どもたちから空の上の世界を教えられ、また転生があるという事実も受け入れていった。

投げ銭ライブ

インドを旅し、お釈迦様の教えに触れて、その意志に添った生き方をしたいと思った。そのお釈迦様の言われる事の中で、どうしてもできない事の一つに、「技芸を覚えよ」というのがあった。

私はお釈迦様の言われる技芸を「音楽をする事」ととったが、小学校以来、音楽に関する事はからっきしダメだった。すごい音痴なのである。音程と声が結びつかない。

ドレミファがまったくわからない。大人になっても同じで、ある歌を百回唄うと、百回別な歌になる。したがって音譜から当然逃げて、読めなくなってしまった。楽譜は本当にオタマジャクシのたまり場にしか見えない。踊っているとも思えない。

ところが六十代の後半に、ヒョンな事からサックスを習う事になった。その経緯は勘弁してほしいが、教えてくださる松沢先生が、とてもいい。私みたいなドレミファもわからない音痴を、根気よく教えてくれる。

一人で習うのはもったいなくて、何人かの音楽がダメそうな人を誘った。その中で山田さんと佐藤さんが、イヤイヤ応募してくれた。この二人だと私を追い抜かす事はあるまいという安心感があった。

なぜなら二人とも、音楽は「2」だったと言うし、おまけに楽譜はまったく読めない、楽器は当然やった事がない、歌も聞く側の人のようだ。

二〇一一年の夏の頃、三人で習い始めた。

ところが、半年経っても三人とも優しい先生に出会った安心感からかなかなか上達しない。その時、天から「投げ銭ライブ」という声が聞こえてきた。何か三人の励みになるもの…。そうか投げ銭…か。アイデアが閃いた。

陶芸展の合間に、投げ銭ライブをしよう！　まだ三人とも「ドレミファ」しか吹けないけれど、来年の四月の陶芸展までに三曲吹ければいいからと説得し、演奏者が失敗するたびに、百円玉を包んだオヒネリを「ごめんなさい」と言いながら客席に投げる、『ごめんなさい。でも聞いて欲しい投げ銭ライブ』を企画した。

生きる事が下手でも、失敗しても、謝りながら生きていこうという「ごめんなさいライブ」だ。

だいたい一人一万円近い百円玉を用意し、講師の松沢先生を招待、ピアノの沼田嬢を無理矢理誘い、演奏者が投げ銭するライブ、前代未聞のライブが始まった。

今は演奏者も増えたが、このライブ出演には資格が要る。

音譜が読めないほど下手である事。下手である事の「言い訳」は上手である事。できる限り失敗してもめげずに、たくさん投げ銭できる人である事の三つである。

つまり、「上手な人はダメよ」ライブである。

演奏の前に、サックスが下手な事を言い訳できる三分以内の「言い訳タイム」を山田さんのために特別枠で設けた。ところが今、山田さんは曲はほとんど吹かず、言い訳タイムを関西弁で十分も吹くようになった。これが大変受けるので、山田さんの「言い訳タイム」を短縮できなくなってしまっている。

こんな投げ銭ライブをしている者たちは、世界中で私たちだけかもしれない。この企画のおかげで、自分の小遣いはドンドン減っていくが、聴きに来られるお客はドンドン増えていく。

もう六年も経っていて、三人のサックスはそれなりに上達した。来年（二〇一八年）の春で七年目に入る。三人のうち若い佐藤さんは一人独走。もうジャズの世界に入って、遠くの角を曲がり、背中は見えなくなってしまった。言い訳上手の山田さんも、言い訳の割にはドンドン上達し、天井に上って遠い存在になってしまった。私は音程がゆったりとしている日本歌謡に逃げ口を見つけて安住。そろそろ音楽が「2」で音譜が読めない新人を誘い込んで、再び私の先輩としての地位を固めねばならない時期がきてしまったようだ。二山さんが適任だ…？

という訳で、お釈迦様の言われる技芸は、今は、私の老化防止策になってしまったようだ。しっかりやって、来世はプロになりたい。

十五章

向こうの世界から
教えられたこと
神の意図に導かれて、
神の意図する世界へ

断食を通して、私が向こうの世界から教えられたことはたくさんある。

大事と思える事をまとめてみたい。そして、神の意図する世界へ皆さんが導かれる事を願って…。

〈その一〉

まず一番は「心には力がある」という事実だった。人が心に強く思う事、イメージする事、一日の半分以上心に描く事は実現する。これは大切で、いわゆるプラス志向に生きるようにというメッセージである。そのため、まず私の持病の五毒「不平不満」「グチ」「文句」「言い訳」と「怒り」をまず乗り越えることにした。そうすると、見事に運が好転した。だから、トラブル多き人に「自らを整えよ」、そのためにまず「五毒を抜こう」と呼びかけ、同時に自分も戒めている。

〈その二〉

「血のある物を食べてはいけない」と断食中に強く言われた。それと脂物などの血が騒ぐものは口にしないようにした。野菜食中心にしていると、何か不思議な力と通じやすくなる。だから、私はベジタリアンを通している。天と通じる人に野菜中心の人が多いのは事実だ。

〈その三〉

「投げた矢は人生の後半に返ってくる」。投げた矢は、人生の後半にドンドン投げ返されてくる。人を嫌うと嫌われる。その罪を消すための法は「私を嫌う人も、私が嫌いな人も、みんな幸あれ、福あれ、光あれ」と祈る事だ。嫌いな人がほとんどいなくなる。今は、そう唱えることも忘れている。人々に、少し好意を抱けるようになって、対人苦が取れていくだろう。組織の中で苦しんでいる人には、『一番の敵のために祈る』ように習慣づけてもらう。そう、毎朝、または名前が苦々しく思い浮かぶたびに「あなたに幸あれ」と叫ぶように習慣づけてもらうと、その方に対する憎しみの気持ちがみるみるうちに溶けて薄れていくだろう。

〈その四〉

私のマイルールの一つである何事もなんであれ「オーバーしない」事である。そのために「許すこと」を人生に取り入れるように内なる声がささやいていた。しかし私は、日本人にはもっと高潔な生き方があると思った。それは、さらに「水に流す」という日本人特有の心の働きだ。さっぱりと、跡形もなく流し、新しい白紙の出発をすればいい。もう過去にとらわれる事をなくして、ひたすら良き未来を見つめて生きる事を学べばいい。自分ではどうしようもない事は神に手紙を書いて、大きな清流に流しに行こうと呼びかけている。

〈その五〉

『もし、思案にあまる事、手にあまる事が生じたら…』

①神の座に預ける。光り輝く存在の膝元に手紙を書いて、すべてゆだねよ。「あなたの想うところにまかせて、すべての結果を受け入れます」…と。

②沈黙は力と知って、沈黙の中で神とつながるのです。やたらのおしゃべりには力が散乱する。一日中、人としゃべらない「沈黙の瞑想」を貫く。そして、次のように心の中につぶやく。「私は今、聖なる光の輪の中心にいる。すべてをゆだね、神の傍らに座す」。もしまだ神とつながらない時は十日間の沈黙の業を貫く。すなわち「沈黙の向こうにある神の声に耳を傾ける」のです。そうすれば、最大で必要な果実をもらえる。「結果オーライ」の世界にたどり着くでしょう。

〈その六〉

神の意に添って生きると決心することである。するとすべて準備され、道を開いていただけるだろう。自分からは裏切ることのない生き方と、精一杯やり切ること、やり残すものがないように、やり切ること。思いやりと善意を抱いて、残り、もう少ないこの生を捧げ尽くしてゆく。すると、不思議な偶然の一致に導かれ、「運の神」に巡り合うだろう。

調和という神の意志を感じる。働く事も同じ、仲間のトラブルが多い時、調和が壊れている事が多い。働くのはやっぱり「端を楽にし合う」、つまり、足りない所を補い合う事。補完し合う事。協力し合って、仲良く生きていく事を、神は調和という意識エネルギーで求めている。これは「理《ことわ》り」ではなく、神の求める世界、神の意図するところの世界と思われる。

断食と瞑想を通して

神からもらったもの ――「贈り物」

神からたくさんのものをいただいた。その中で最大なものは、

一、安らぎと、平和感と、弱い心。

争うようなことのない平和感と、穏やかな日々を送れたこと、その大切さが究極の戴きものかもしれない。

自分が、とても弱い心を持っていると知った事も大きい。

二、マイヨールたちと同じ明鏡止水に近い体験を断食でできた事だ。断食中の朝の三十分瞑想はいつも透明だった。断食が四十日目に近づくにつれ、エネルギーが脳に行かなくなり、

識別能力や判断力が弱まって、脳のthinkingが止まった。

それによって心が澄み、いろいろな摂理がはっきりと見えてきたようだ。森《しん》と沈んだ静かな心を見つけられたことは大きなプレゼントだった。

自分の輝きが人々を惑わさない事に気をつけるようになった。人々が私の光の輪の中にいる事さえ気づかないように願った。同時にこの光の輪にいる人々がみな安らぎ、不思議な喜びの気持ちになれるように光の輪をやわらかく透明にしていた。

三、人を救いたいという純な心が、それ以来ずっと続いている。
何か、光の源が身体に宿った感覚が私をつき動かしている。

神からたくさんいただいたが、平凡だが人の役に立つだけでなく、救うという段階まで踏み込みたいと「神のお手伝い」に目覚めたことがありがたい。

幸せになるための十か条――一生貫く、どんな事があっても…。

一、動機の純粋性を中心軸として生きる。

一、心配を日常とせず、いつも喜びのある未来を受け取る練習をする。さらに、ミリオネアメンタリティーを身につけると、人々の悩みから解放され、もうお金に困ることから解放される。

一、いつも良き未来を受け取るようにし、否定を捨てて明るい方向へ心を導くと、不安と怖れが消えていく。

一、赦《ゆる》す。さらに水に流し、恨み、悲しみをきれいに解放していく。そうして真っ白で新しい旅立ちをする。

一、味方だらけの中で生きてゆく。そのため、人のために手と時間を尽くす。人を敵とせず、戦わない、争わない。善意に生きるを覚悟し、腹を決める。

一、恩を刻んで生きてゆく。返謝を怠らない。自分からは、決して裏切らない。

一、投げたものが必ず返ってくると知って、悪しき行為、悪しき感情を投げない。良き感情、思いやりをあげ、さらに笑顔を人々に捧げ続ける。

一、五毒（怒り・不平不満・愚痴・文句・言い訳）を口にせず、人々に良き未来を捧げる。

一、祈りと感謝を毎日人々に捧げて生きる。

一、便が美しくなる物を摂る。旨いものを少なくし、天に通じるために、肉食はやめる。腹を決めて長寿に生きる。

終わりに

　ここに書いた出来事は、私にとってすべて事実と同時に、フィクションでもある。人々が信じようと、信じまいと、私の問題ではないが、この平和な緑多い桜の国、日本に生きたからこそできた事が多い。

　戦乱の国や、争いの多い国や地域において、割れやすい陶器で生計を立てるのは無理だろう。また、荒れた時代の中では、人知れず山に入って四十日も五十日も、独りで静かに座するというのもできないだろう。すぐに捕まって追い出されるに違いない。日本という国と、その時期、その時代に遭ったからこそ、二回も長断食が経験できた。日本に感謝している。小さな光明に触れた事は、私という小人の旅の途中の魂にとって奇跡に近い。とてもありがたいことだ。感謝でいっぱいである。

　今、平凡である私が、現代日本の心地よさと利便性をすべて捨てて、アフリカや戦乱のアフガンのような極貧の中で暮らす事はできない。お釈迦様のように歩いて日本中を説法して廻る事は不可能に近い。それらを照らしてみて、釈尊が王子という地位と、さまざまな富裕境遇をかなぐり捨てて、一人の人間として修行し、すべての欲を拭い去った事は、奇跡の人なのだ。「欠けることなき真円の人」、「欠けるところ一つもなき人」と同時代の人々から言われた事を真剣に受け止めたい。

素晴らしい完全無欠の人に違いない。二度とこの世に現れることなき全き人である。もうお目にかかれないお方である。その声を浴びた方々をうらやましく思う。出家したその時点で釈尊は、今では考えられないほど澄んだレベルの悟りと境地を得られていたのだろう。

少しでもそんなお釈迦様、そして神のお手伝いをしたい。

❊　❊　❊

この原稿を書き終えた時、再び天からのメッセージが「先廻り」をして、次の展開を知らせてきた。

それは、こうだ。

今年の九月の下旬、北九州市のNさんから突然メールが来た。

「北川先生は、近いうちに引っ越しされるのですか」

…いや、まだ何も決めていない。

「どうして、そう思うの?」と聞いた。

「先日、北川先生の夢を二つ見たのです。とても鮮やかで、はっきりとした夢だったのです。私は他人の夢など見ない性質《たち》ですが、珍しくその夢が現実的で、クリアーだったので、気になってお尋ねしたのです」


さらに、そのメールのわずか数時間後、K市に住む建築設計士のSさんから、

「北川先生、K市にいい物件が見つかりました。今度の所は良さそうです。二~三日中に見に来られますか。すぐに他の人に渡りそうな、いい物件です。見られた方がいいと思います」

と続けてNさんとSさんの二つのメールが同じ日に来たのである。

私は直感した。

これはいつもの神からのメッセージだ。私はずいぶん前から、移転を決めかねてグズグズと

引き延ばしをしていた。

すると、「まず移転しろ…すぐに、用意したここに住め」と言われた感じがした。

だから、Sさんと一緒に見に行く前に、心はもうOKを出していた。

神のメッセージは、断れないではないか。

私は、数年前から内なる深い所からの暗示で「K市に行け」と言い続けられてきた。しかし、見知らぬ町に転居することなど、そうすぐには決められない。

うじうじとして、決めかねていた。こんなに年老いて、今さら、友人の少ない新しい土地へ行くなんて、すぐには応じられない。

…ところが、そんな煮え切らない私に、天は先廻りをして、メッセージと物件を送ってきた。

あの満願寺の窯の手配と、灰釉の暗示と、陶芸の売り先の準備の先廻りの場合と同じだった。

その後、私はNさんにもう一つの夢は何かと強く迫った。

Nさんは、なかなか口を割らない。そしてNさんは、しぶしぶ白状した。

「実は、先生が死んだ夢でした。お葬式で、とてもクリアーで、皆、泣いていました。私も、夢と現実の両方で、涙が止まらなかったのです。あ～先生が死んだ…と強く感じたので言えませんでした」

私は、Nさんの死の夢に二つの意味をいただいたと思った。

一つは、死は次のステージを意味する「さらなる展開である」…あの、氷の観音の出現と同じメッセージを感じた。

もう一つは、チャラチャラ生きるな。お前にも確実に死があり、死が迫っている。

次の世界へ行かねばならない時、「死を覚悟して、K市に行き、なすべき事にとりかかれ」

というメッセージだ。

こうも受け取った。

「もう、世間の反応は気にするな。そんな時間的余裕はない。死を意識しろ。命をかけて、やれることをやってゆけ！」という強いメッセージだ。

メッセージは、三つも同時にやってきた。

「引越ししろ、場所はここK市だ。死を覚悟して、命をかけてやれ」

私は、歳を忘れて前に進むしかないと…覚悟した次第。

あとがき

私は断食によって、見えない何かに導かれ、「天」に通じることができた。その上それに伴って人々からの援助もたくさんいただいた。さらに、四十代に入り、無（No thinking）の状態を体験し、聖なるエネルギーに通じ神の意に添って生きることを覚えた。

それは安らかで平和感の内に今生の使命がなされるように仕組まれていた。

私の使命は人々からの「ありがとう」の中から見つかった。もし、今、あなたが迷っているならば、あなたもそうする事をお勧めしたい。

結局私たちは今生のそれぞれの使命を見つけ、天に応じ、宿命を果たし、人の喜びに生きること…に腹を決められるかどうかにかかっている…、その決心がついた時、それを解悟《かいご》というのだろうか、この本の副題にあるように「自然に道が開かれていく」。

決心を超えた、腹決めによって神と通じ、その示された道を歩む…。これが、断食で示された道だった。

今、私のこの人生は短いトランジットの中にある。

この小さな国、小さな社会、狭い人間関係の中で、大騒ぎ小騒ぎするのは、少し上から見れば恥ずかしい事かもしれないが、そこでもがく事も大切。

しかし、すぐに次の世界へ行かなければならないならば、この短いトランジットの中で争わず、競わず、人をなじらず、楽しく送ることの方が良いに決まっている。

「今に生きる」時間は、本当に短い。たくさんの失敗を経て、学び、人の役に立つ生き方、「ありがとうと言われる生き方」ができること…、それが一番美しい。

断食……皆さんに短い断食をお勧めしたい。きっと何かに通じるだろう。

食べない、オーバーしないという経験は素晴らしい未来を生む。

その経験は「欲のままに生きない」という強い心の基礎となる。

断食によって私はたくさんの奇跡を体験した。

ありがとう

いつか再び、清流と、緑多い日本に産まれたい。

あ〜楽しかった。

二〇一七年十二月

北川八郎（きたがわ はちろう）

1944年、福岡県生まれ。防衛大学中退。インド放浪。1984年に信州から九州阿蘇外輪山の小国郷に移住。

41歳で45日間の断食、43歳で46日間の断食に導かれ、小さな光明を得る。今世で、罪少く生きる事、人の善のために祈る事を命題として与えられたと気づく。

平凡な一人として平和感と安らぎの内に自然の中で暮らして行くために、歴史が息づく南小国町で「満願寺窯」を開き、自然灰釉の器を創作する一方、自作農業に勤しみ「七陶三農」の生活を送る。

現在は、経営者のための「満月の夜の勉強会」などを設立し、講演と経営セミナーを各地で主宰している。

著書に『あなたを苦から救う お釈迦さまのことば』『あなたを不安から救ってくれる お釈迦さまのことば』『幸せマイルール 心に清音をもたらす言葉集』『対人苦の解決 明るい未来へ』『三日食べなくても大丈夫!! 断食のすすめ』『人間経営学の実践　経営を繁栄軌道に乗せた十一名の社長告白』（以上、高木書房）、『ブッダのことば「百言百話」』『繁栄の法則』『繁栄の法則 その二』（以上、致知出版社）、『心の講話集 6冊セット』（楽心会）、『無敵の経営』（サンマーク出版）ほか多数。

北川八郎 公式サイト　http://manganjigama.jp/

※北川八郎ポッドキャスト「人生を変える出会い」で、著者の話や人生相談を無料で聴くことができます。
また、人生に響くインタビューマガジン「キクマガ」（http://kiqmaga.com/）内で著者のインタビューを無料で聴くこともできます。

「人生を変える出会い」

■ iTunes,iPhone,iPad で聴く場合は
https://itunes.apple.com/jp/podcast/id1189010110

■ Android で聴く場合は（無料アプリ CastBox）
https://goo.gl/Tqmmj6

■ Web(パソコン) 版で聴く場合は
http://podcast8.kiqtas.jp/kitagawa/

奇跡を呼び込んだ断食

発行日　2018 年 1 月11 日　第1刷
著　者　北川 八郎
発行者　小見 敦夫
発行所　株式会社 内外出版社
〒110-8578　東京都台東区東上野2-1-11
電話 03-5830-0237（編集部）
電話 03-5830-0368（販売部）
印刷・製本　中央精版印刷株式会社

ISBN 978-4-86257-330-8